新 TOEIC®テスト 書き込みドリル

【全パート入門編】

書いて覚える28日間完成！

早川 幸治 著
Koji Hayakawa

TOEIC is a registered trademark of Educational Testing Service (ETS).
This publication is not endorsed or approved by ETS.

桐原書店

＊＊＊は　じ　め　に＊＊＊

本書を手にしていただきありがとうございます。
TOEICテストを受験する予定があるのですね。
ぜひ一緒に対策を考えていきましょう！

　TOEICテスト対策に必要なものは，**1．テスト形式や出題内容に慣れること，2．テストで求められる英語力を身に付けること，3．解答方法を身に付けること**，の3つです。本書は1冊を通して，TOEICテストの形式や傾向に慣れながら，テストで求められる能力を磨き，解答方法を確認することができる教材です。1日4ページの無理のない学習ステップで学ぶことができます。

　本書では，TOEICテストのすべてのパート（Part 1 ～ Part 7）の対策を立てます。学習効率を考え，Part 1からPart 7の順番ではなく，**「基礎から応用へ」**という学習順にしてあります。前半の**Day 1 ～ Day 11では，**基礎学習として**Part 1「写真描写問題」→ Part 2「応答問題」→ Part 5「短文穴埋め問題」**の順に学習します。これらのパートはリスニングも短めで，リーディングも文法問題と語い問題が中心となります。これらのパートは，対策が立てやすい上に，TOEICテストに頻出する語句の学習にも最適なパートです。後半の**Day 12 ～ Day 28は，Part 3「会話問題」→ Part 4「説明文問題」→ Part 7「読解問題」→ Part 6「長文穴埋め問題」**の順に学習します。やや長めのリスニングやリーディングに対して，特定の場面における表現や典型的な情報の流れを学習しながら，ポイントとなる聞き方・読み方を身に付けます。前半で身に付けた基礎力を，後半でさらに磨いていくという構成ですから，**効率的なTOEICテスト対策が可能**です。

　学習効果をさらに高めるため，本書では「**復習の日**」を設けています。また，毎日の学習の中にTOEICテストに**頻出する語句や表現が何度も繰り返し出てきます**から，確実に身に付けることができます。本書で「出会った語句たち」に，本番のテストで「再会」できることを保証します。

　本書の学習終了後，さらにTOEICテスト対策を行う方は，既刊の「**新TOEIC® テスト 書き込みドリル**」シリーズで，得意分野の強化や，弱点克服に挑戦されてはいかがでしょうか。

　あなたのスコアアップを心から応援しています。

　最後に，日頃の授業を通して，様々なヒントをいただいている明海大学ホスピタリティ・ツーリズム学部の学生の皆さん，桜美林大学オープンカレッジの受講生の皆さんに心から感謝いたします。

2010年4月
早川幸治（Jay）

もくじ

はじめに ———————————————————— 3
本書の構成と効果的な使い方 ————————— 6
TOEIC® テスト　受験の心得 ————————— 7
TOEIC® テスト Part 1 〜 Part 7 について ——— 9

学習日

/	Day 1	人物の動作と状態 (Part 1) ———————————— 16
/	Day 2	物の状態と位置 (Part 1) —————————————— 20
/	Day 3	疑問詞を使った疑問文 (Part 2) ——————————— 24
/	Day 4	基本構文 (依頼/提案/申し出) と応答の決まり文句 (Part 2) — 28
/	Day 5	Yes/No 疑問文 (Part 2) —————————————— 32
/	Day 6	Day 1 〜 Day 5 の復習 (Part 1 と Part 2) ————— 36
/	Day 7	品詞 (Part 5) ——————————————————— 40
/	Day 8	動詞 (Part 5) ——————————————————— 44
/	Day 9	代名詞・関係代名詞 (Part 5) ———————————— 48
/	Day 10	接続詞・前置詞 (Part 5) —————————————— 52
/	Day 11	Day 7 〜 Day 10 の復習 (Part 5) ———————— 56
/	Day 12	店での会話 (Part 3) ———————————————— 60

Narrated by Howard Colefield, Carolyn Miller
CD 制作：財団法人　英語教育協議会

☐	**Day 13** 電話での会話 (Part 3)	64
☐	**Day 14** 屋外や交通機関での会話 (Part 3)	68
☐	**Day 15** オフィスでの会話 (Part 3)	72
☐	**Day 16** 留守番電話 (Part 4)	76
☐	**Day 17** アナウンス (Part 4)	80
☐	**Day 18** ラジオ放送（広告 / 天気予報 / 交通情報 / ニュース）(Part 4)	84
☐	**Day 19** ツアー・トーク・スピーチ（美術館 / 工場 / オリエンテーション）(Part 4)	88
☐	**Day 20** Day 12 〜 Day 19 の復習 (Part 3 と Part 4)	92
☐	**Day 21** 表・用紙 (Part 7)	96
☐	**Day 22** 手紙・Eメール (Part 7)	100
☐	**Day 23** 広告 (Part 7)	104
☐	**Day 24** ダブルパッセージ（2つの文書）(Part 7)	108
☐	**Day 25** Day 21 〜 Day 24 の復習 (Part 7)	112
☐	**Day 26** 時制・代名詞・語い問題 (Part 6)	116
☐	**Day 27** つなぎ言葉 (Part 6)	120
☐	**Day 28** Day 26 〜 Day 27 の復習 (Part 6)	124
	解答と解説	128

本書の構成と効果的な使い方

❖ 本書の構成

本書で，1日4ページの学習を28日間行うことで，TOEICテストのすべてのパートを学習し，問題形式に慣れるとともに，TOEICテストで求められているスキルを磨くことができます。

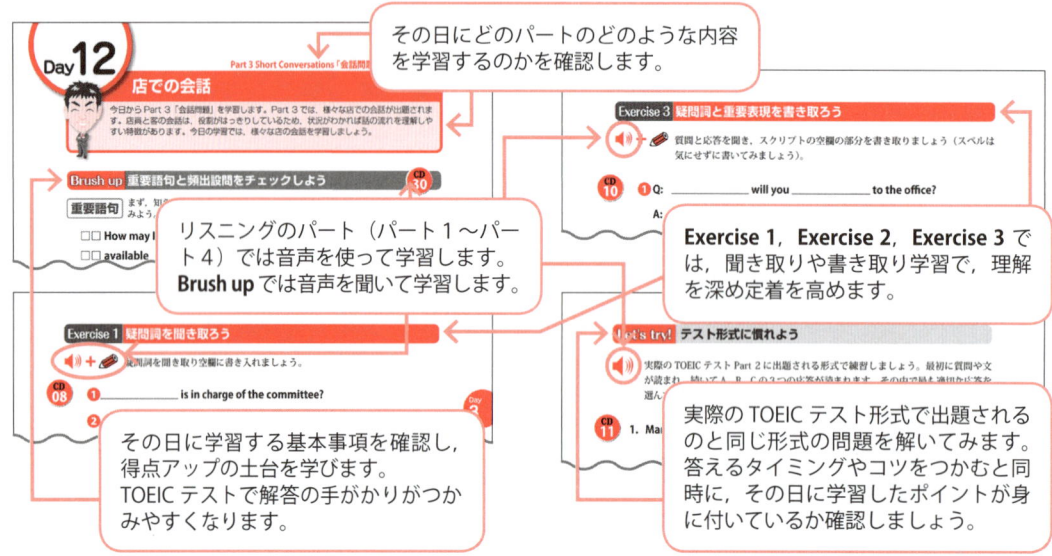

本書では，Part 1からPart 7を順番に学習するのではなく，学習効率を考え「**基礎から応用へ**」という流れを採用しています。そのため，学習順序が以下のようになっています。

基礎：Part 1「写真描写問題」→ Part 2「応答問題」→ Part 5「短文穴埋め問題」

応用：Part 3「会話問題」→ Part 4「説明文問題」→ Part 7「読解問題」→ Part 6「長文穴埋め問題」

また，学習した内容をしっかりと復習し，習得するために**復習のDay**も用意しました。Part 1とPart 2，Part 5，Part 3とPart 4，Part 7，Part 6のそれぞれの学習後に**4ページにわたる復習**を行います。

❖ 効果的な使い方

TOEICテストの学習者たちの間で，最も多い悩みは「単語がわからない」です。そこで本書では，全体を通して，**TOEICテストに頻出する語句を散りばめています**。学習を終えたら，その日に学習した語句でわからなかったものを復習することをオススメします。その日に学んだ語句は，必ず今後の学習日に登場します。何度も何度も出会うことが，語い力アップの唯一のカギです。TOEICテストは，日常生活やビジネス状況で実際に使われている語句で構成されていますから，**この教材で覚えた語句は，日常や仕事で実際に使うことができます**。

さらに，1日の学習を終えた後で，再度復習して確認すると効果的です。1回目は，**新しい情報を理解しながら学習**を進め，2回目で**知識の重ね塗り**をします。これにより**理解度がアップします**。リスニングの場合は，**音声のリピート学習を行う**ことで，英語の音やスピードに慣れることができます。リーディングでは，**なぜそれが正解になるのかを確認しながら復習する**ことで，**基礎力をしっかりとマスターする**ことができます。

TOEIC® テスト　受験の心得

❖ マークシートの効果的な塗り方

　TOEICテストは，マークシートの試験であり，200個のマークを塗ることになります。このマークシートの塗り方は，時間を節約するためにも重要ですので，効果的な塗り方をご紹介します。

　マークシートを塗る場合，オススメは「とがっていない鉛筆（写真右側）」です。紙に接する面が多く，少ない回転数でマークできます。左側のシャープペンシルと比べても線の太さの違いがわかるでしょう。右側は著者が実際に試験で使っている鉛筆です。

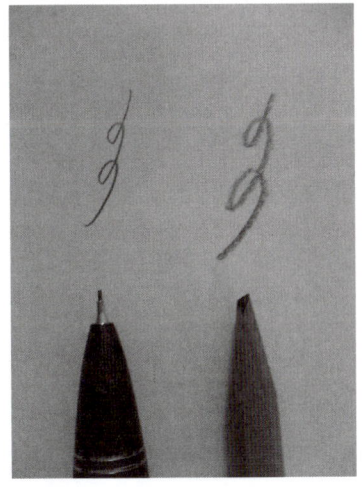

　塗り方のオススメは，楕円の上部から，ひらがなの「の」を書くように塗ります。うまくいけば「の」の一回転半だけで塗り終わりますし，多くても2回転で十分です。

　本番でいきなり挑戦するのではなく，受験前にマークシートの塗り方を練習しておきましょう。塗っている時間は，塗ることにしか集中できません。なるべく早く塗り終えて試験に集中するという意味で，特にリスニングセクションで大きな効果を発揮します。

 マークシートを塗る練習をしてみましょう。

No.	ANSWER				No.	ANSWER			
	A	B	C	D		A	B	C	D
1	Ⓐ	Ⓑ	Ⓒ	Ⓓ	11	Ⓐ	Ⓑ	Ⓒ	Ⓓ
2	Ⓐ	Ⓑ	Ⓒ	Ⓓ	12	Ⓐ	Ⓑ	Ⓒ	Ⓓ
3	Ⓐ	Ⓑ	Ⓒ	Ⓓ	13	Ⓐ	Ⓑ	Ⓒ	Ⓓ
4	Ⓐ	Ⓑ	Ⓒ	Ⓓ	14	Ⓐ	Ⓑ	Ⓒ	Ⓓ
5	Ⓐ	Ⓑ	Ⓒ	Ⓓ	15	Ⓐ	Ⓑ	Ⓒ	Ⓓ
6	Ⓐ	Ⓑ	Ⓒ	Ⓓ	16	Ⓐ	Ⓑ	Ⓒ	Ⓓ
7	Ⓐ	Ⓑ	Ⓒ	Ⓓ	17	Ⓐ	Ⓑ	Ⓒ	Ⓓ
8	Ⓐ	Ⓑ	Ⓒ	Ⓓ	18	Ⓐ	Ⓑ	Ⓒ	Ⓓ
9	Ⓐ	Ⓑ	Ⓒ	Ⓓ	19	Ⓐ	Ⓑ	Ⓒ	Ⓓ
10	Ⓐ	Ⓑ	Ⓒ	Ⓓ	20	Ⓐ	Ⓑ	Ⓒ	Ⓓ

前日から当日の試験終了までの流れを確認しましょう。

❖ 前日

試験会場の確認　受験票の地図と実際とは異なって感じることもあるため，前日にインターネットなどで確認しておくとよいでしょう。

受験票　受験票に写真を貼っておきましょう。写真を貼る箇所に書かれた水色の枠と同じ大きさにします。写真の貼り付け具合については，受付で厳しくチェックされます。

睡眠　前日の夜遅くまで勉強するのは避けましょう。寝不足で受験すると，リスニングセクション試験中に睡魔に襲われ，聞こえてくる英語が子守歌になってしまいます。

❖ 試験当日

持ち物
☐ 受験票
☐ 写真付身分証明書
☐ 鉛筆＆消しゴム
☐ 腕時計（携帯電話の時計，置き時計は不可）

そして，
☐ **自信**

食事　公開テストは午後1時から3時までです。12時20分までに受付を済ませて，教室に入っていなくてはならないため，どんなに遅くとも12時までには食事を済ませておきましょう。ただし，食べ過ぎるとリスニングセクション試験中に睡魔に襲われます。食べないと，リーディングセクション試験中にお腹が「グーッ」と騒ぎ出します。午後3時まで持つ程度の量がベストです。

服装　会場によっては，冷房や暖房が効きすぎる場合もあります。温度調節しやすい服装での受験をオススメします。

❖ 試験会場にて

受付　受付にて受験票と写真付身分証明書を提示します。その後，すぐに入室します。座席は受験番号順です。座席の場所は，黒板に書かれているほか，机の上に受験番号カードが置かれています。

教室　もし音声が聞こえにくい場合は，試験官に申し出ると座席を移動することが可能です。音量チェックの後に休憩時間があるため，その時に申し出ましょう。また机に不備がある場合や，エアコンの風が直接当たる，といった不運も我慢せずに試験官に申し出ましょう。

　受験会場が大学の場合，時計が教室にないことが通常です。時計は忘れずに持って行きましょう。携帯電話の時計，ストップウォッチなどは使用できません。また，時計を忘れても「試験終了○分前です」というアナウンスはありませんので注意しましょう。

試験中　リスニングセクション試験中は，冷暖房を止める会場があります。また，リスニングセクション試験中に選挙演説の車や救急車など予期せぬ音が発生した場合は，その箇所のみリーディングセクション試験後にやり直しとなることがあります。ですが，リスニングセクションの途中で音声を止めることはありませんので，動揺せずにそのまま続けましょう。なお，くしゃみや机の揺れなどは騒音とは認められません。

試験後　試験官が問題冊子・解答用紙を回収し，枚数を数え終えたら退出できます。結果は約1か月後に郵送されます。

TOEIC テストの問い合わせ先

財団法人　国際ビジネスコミュニケーション協会　TOEIC 運営委員会
〒100-0014　東京都千代田区永田町 2-14-2　　山王グランドビル　　Tel (03) 5521-6033
〒541-0059　大阪府大阪市中央区博労町 3-6-1　御堂筋エスジービル　Tel (06) 6258-0224

TOEIC テスト公式サイト：http://www.toeic.or.jp

Part 1　Photographs「写真描写問題」
（学習日：Day 1 〜 Day 2）

問題数：10問（問題番号1番〜10番）

Part 1は，1つの写真について4つの英文が読まれます。写真の内容を正しく描写しているものを1つ選びます。写真に写っているものや，人物の動作，物の状態や位置関係などの聞き取りが問われます。写っていないものや，していない動作，正しくない位置関係などが聞こえてきたらすぐに消去しましょう。

人物の写真

▶注目すべきポイント
- ☑ 人物の動作
- ☑ 人物の状態
- ☑ 人物の位置

▶読まれる英文例

(A) The man is putting on a jacket.
　「男性がジャケットを着ようとしています」

(B) The man is walking around the desk.
　「男性が机の周りを歩いています」

(C) The man is using a computer.
　「男性がコンピューターを使っています」

(D) The man is looking out the window.
　「男性が窓の外を見ています」

物や風景の写真

▶注目すべきポイント
- ☑ 物の状態
- ☑ 物の位置
- ☑ 全体的な場所

▶読まれる英文例

(A) The man is riding a bicycle.
　「男性が自転車に乗っています」

(B) The bicycle is leaning against the pole.
　「自転車がポールに立てかけられています」

(C) The bicycle is being repaired.
　「自転車が修理されています」

(D) There is a bicycle in the park.
　「公園に自転車があります」

Part 2　Question-Response「応答問題」
（学習日：Day 3 ～ Day 5）

問題数：30 問（問題番号 11 番～ 40 番）
Part 2 は，1 つの質問に対して，3 つの応答が読まれます。応答として最も適切なものを 1 つ選びます。問題冊子には何も印刷されていないため，内容を理解できるリスニング力が問われます。

☞ **問題冊子には次の英文のみ印刷されています。**
　　Mark your answer on your answer sheet.「答えはアンサーシートにマークしてください」

☞ **読まれる英文は次のような内容です。**
　　例　1： **Where are you going this weekend?**「今週末はどこへ行くのですか」
　　ポイント： Where「どこ」で始まる疑問詞を使った疑問文。場所を聞いていますね。

☞ **続いて，以下のような選択肢 (A), (B), (C) が 3 つ読まれます。**

　　　　(A) No, it was last weekend.「いいえ，先週末でした」
　　　　　→ WH 疑問文に Yes / No では答えられません。

　　　　(B) On Sunday.「日曜日です」
　　　　　→ When「いつ」に対する応答です。

　　　　(C) I'll visit the museum.「美術館です」
　　　　　→ Where「どこ」に対する適切な応答です。

　例　2： **Did you read the sales report?**「販売報告書を読みましたか」
　ポイント： 販売報告書を読んだかどうかを聞いています。

　　　　(A) I reported it already.「すでに報告しました」
　　　　　→読んだかどうかの応答にはなりません。

　　　　(B) Yes, this morning.「はい，今朝（しました）」
　　　　　→いつ読んだかを伝えているので，適切な応答。

　　　　(C) The sale ends tomorrow.「セールは明日終わります」
　　　　　→セールの話ではありません。

Part 3 Short Conversations「会話問題」
（学習日：Day 12 ～ Day 15）

問題数：30 問（問題番号 41 番～ 70 番）

Part 3 は，2 人の人物による会話問題です。1 つの会話につき，3 つの設問に答えます（10 の会話×各 3 問で全 30 問）。会話は A→B→A のパターンと，A→B→A→B のパターンの 2 つがあります。質問文と選択肢は問題用紙に印刷されており，会話の後で質問文が読み上げられます。

▶ ポイント
- ☑ 先に質問文を読み，どのような情報が求められているのかを確認。
- ☑ 会話の場所や話題などの基本情報は，冒頭をしっかり聞き取る。
- ☑ 詳細情報は，求められている情報をピンポイントで聞き取る。

設問：3 問（問題冊子に印刷されています）

41. Where does this conversation probably take place?　【基本情報】会話が行われている場所
(A) At an airport　　(B) At a post office
(C) At a station　　(D) At a supermarket

42. How much will the woman pay?　【詳細情報】女性の支払い
(A) $3　　(B) $5
(C) $7　　(D) $9

43. What does the man suggest the woman do?　【詳細情報】男性の提案
(A) Go to the waiting area　　(B) Go out of the building
(C) Get a receipt　　(D) Get her luggage

会話が読まれます。（問題冊子に印刷されていません）

Questions 41 through 43 refer to the following conversation.

W: Excuse me, can I buy a train ticket to the airport? [41]

M: Are you taking the express, or the local train?

W: The express, please.

M: Nine dollars. There's one leaving at 3:30, so you can wait at the waiting area.
   [42]　　　　　　　　　　　　　　　　　　　　　　　　[43]

問 41 番から 43 番は次の会話に関するものです。
女：すみません，空港行きの電車の切符を買えますか。
男：急行に乗りますか，それとも各駅停車ですか。
女：急行でお願いします。
男：9 ドルです。3 時 30 分発の電車がありますので，待合室でお待ちいただいてもかまいませんよ。

41. この会話はおそらくどこで行われていますか。
　　(A) 空港／(B) 郵便局／(C) 駅／(D) スーパーマーケット
42. 女性はいくら支払いますか。／(A) 3 ドル／(B) 5 ドル／(C) 7 ドル／(D) 9 ドル
43. 男性は女性に何をすることを提案していますか。
　　(A) 待合室に行く／(B) 建物を出る／(C) レシートを受け取る／(D) 手荷物を受け取る

正解▶ 41. (C)　42. (D)　43. (A)

Part 4　Short Talks「説明文問題」
（学習日：Day 16 〜 Day 19）

問題数：30問（問題番号71番〜100番）

Part 4は，1人の人物によるトーク（電話メッセージ，アナウンス，広告など）を聞く説明文問題（30問）です。パート3同様1つのトークにつき，3つの設問に答えます（10のトーク×各3問で全30問）。質問文と選択肢は問題冊子に印刷されており，トークの後で質問文が読み上げられます。

▶ポイント
- ☑ 先に質問文を読み，どのような情報が求められているのかを確認。
- ☑ トークの目的や場所などの基本情報は，冒頭をしっかり聞き取る。
- ☑ 詳細情報は，求められている情報をピンポイントで聞き取る。

設問：3問（問題冊子に印刷されています）

71. Who is the speaker? 【基本情報】話し手の職業
(A) An exercise instructor　(B) A tour guide
(C) A photographer　(D) A chef

72. What are the listeners not allowed to do? 【詳細情報】禁止事項
(A) Take photos　(B) Talk with people
(C) Enter the room　(D) Leave their luggage

73. How long does the event last? 【詳細情報】イベントの時間
(A) 1 hour　(B) 2 hours
(C) 3 hours　(D) 4 hours

説明文（問題冊子に印刷されていません）

Questions 71 through 73 refer to the following talk.

Welcome to the historic European paintings tour here at the National Museum of Art. I'm your guide, Kevin Baxter.[71] Before we begin our tour, I'd like to let you know about a few rules. First, food and drinks are not allowed inside the museum. Also, taking photos of the paintings is not permitted.[72] The tour will last approximately three hours.[73] Now, let's begin by looking at some paintings from the 16th century.

問題71番から73番は次の話に関するものです。

国立美術館の，歴史に残るヨーロッパ絵画のツアーへようこそ。私は皆様のガイドを務めさせていただきますケビン・バクスターと申します。ツアーを始める前に，いくつかの規則をご紹介いたします。第一に，美術館内への食べ物や飲み物の持ち込みは禁じられています。また，絵画の写真撮影も許可されておりません。ツアーはおよそ3時間続きます。それでは，16世紀の絵画を鑑賞することから始めましょう。

71. 話し手は誰ですか。／(A) 運動インストラクター／(B) ツアーガイド／(C) 写真家／(D) シェフ

72. 聞き手たちは何をすることが禁止されていますか。
(A) 写真を撮る／(B) 人と話す／(C) 部屋に入る／(D) 手荷物を置いていく

73. イベントはどのくらい続きますか。／(A) 1時間／(B) 2時間／(C) 3時間／(D) 4時間

正解▶ 71. (B)　72. (A)　73. (C)

Part 5　Incomplete Sentences「短文穴埋め問題」
（学習日：Day 7 ～ Day 10）

問題数：40 問（問題番号 101 番～ 140 番）

Part 5 は，英文の中に空欄があり，その空欄に入る最も適切な語句を 4 つの選択肢から選びます。空欄の前後を見れば解ける初心者向けの問題から，文脈を理解しなくては解けない上級者向けの語い問題まであります。

▶ポイント
- ☑ 先に選択肢を読み，問題タイプを把握する。
- ☑ 文法問題は，文法のポイントをチェック。
- ☑ 語い問題は，単語の結びつきや文脈をチェック。

文法問題

Employees who work in the manufacturing plant must ------- the safety rules all the time.

(A) following
(B) follow
(C) followed
(D) follows

① まず，選択肢を見る。
　動詞 follow の活用が問われているため，動詞の使い方に関する問題だと理解する。
② 助動詞 must に続くのは，動詞の原形＝ follow。
③ マークシートの (B) を塗る。
訳：製造工場で働く従業員は，常に安全規則に従わなければならない。

語い問題

This letter is to remind you that your subscription will ------- in two months.

(A) register
(B) propose
(C) generate
(D) expire

① まず，選択肢を見る。
　すべて異なる単語の場合は，語い問題なので文脈を理解する。
② 動詞が問われているので，結びつきの強い主語や目的語との関連をチェック。
③ 主語 subscription「定期購読」と関連が強いのは，expire「期限が切れる」。
④ マークシートの (D) を塗る。
訳：この手紙はお客様の定期購読期間が 2 か月後に期限切れになることをお知らせするためのものです。

出題パターン

品　　詞：10 問程度
動詞の形：3 問程度
接続詞・前置詞：3 問程度
代名詞：2 問程度
前置詞：3 問
語　い：16 問程度
その他：3 問程度

Part 6　Text Completion「長文穴埋め問題」
（学習日：Day 26 ～ Day 27）

問題数：12 問（問題番号 141 番～ 152 番）
Part 6 は，長文の中に 3 つの空欄があり，それぞれ最も適切な語句を入れる長文穴埋め問題です。長文は全部で 4 つあり，Part 5 と同様に文法問題と語い問題が出題されますが，複数の文の情報を関連づけて解答するものが中心となります。

▶ポイント
- ☑ 先に選択肢を読み，問題タイプを把握する。
- ☑ Part 5 にも出題される文法問題は，文法のポイントをチェック。
- ☑ 時制問題は，前後の文脈から時制を特定する。
- ☑ 語い問題は，単語の結びつきや文脈をチェック。複数の文を読む必要がある場合もある。
- ☑ 話の転換を示す語句の問題は，前後の文の関連をチェック。

We ------- an evacuation drill on August 10. All employees are required to take

141. (A) held
　　 (B) holding
　　 (C) have held
　　 (D) will hold

① 時制が問われているため，「避難訓練が行われたのか，これから行われるのか」をチェック。
② 2 文目に「参加する必要がある」とあるため，これから行われることがわかる。
③ これからのことは，(D) will hold。

part.　Please refer to the enclosed schedule for further information.　-------,

① 話の転換を示す語が問われているため，前後の文の関連をチェック。
② 前の文は「スケジュールを参照する」，後ろの文は「ハンドブックを読んで手順を知っておく」とある。
③ 情報を追加していると判断できるため，正解は (A) Additionally「さらに」。

142. (A) Additionally
　　 (B) However
　　 (C) As a result
　　 (D) Otherwise

read the handbook carefully and make yourself familiar with the evacuation procedures.

※ 実際は 1 つの文書に 3 問あります。

訳：8 月 10 日に避難訓練を行います。従業員は全員参加が義務づけられています。より詳しい情報は，同封のスケジュールを参照してください。さらに，手引書をよく読んで避難の手順を熟知するようにしてください。

出題パターン
時制問題：2 問程度
語い問題：6 問程度
文法問題：3 問程度
つなぎ言葉問題：1 問程度

Part 7　Reading Comprehension 「読解問題」
（学習日：Day 21 〜 Day 24）

問題数：48 問（問題番号 153 番〜 200 番）

Part 7 は，手紙や E メールなどのビジネス文書を中心に，広告や記事，アンケート用紙や注文書など様々な文書が出題されます。問題は，1 つの文書を読み 2 〜 5 問に答えるシングルパッセージ（28 問）と，2 つの関連した文書を読み 5 問に答えるダブルパッセージ（20 問）があります。

▶ポイント

- ☑ ビジネス文書は，目的・概要が冒頭で伝えられ，徐々に詳細へと入る。
- ☑ 設問で問われている内容を特定する。
- ☑ 基本的に，本文の内容と正解の選択肢の内容は言い換えられているため，語い力が求められる。

シングルパッセージの問題を見てみましょう。

Dear Ms. Abella:

I saw your advertisement for a marketing manager in the *Daily News*, and I would like to apply for this position. [153] I have been a marketing manager for an international food distribution company for the last eight years. [154] I also worked in Japan for five years, and I believe my knowledge of Japanese culture will help your company. I look forward to hearing from you at your earliest convenience.

Sincerely,

Douglas K. Tanaka

> 目的は，通常冒頭に書かれている。選択肢の内容は，本文と言い換えられていないため，やや易しめ。
> ただし，他の選択肢がすべて求人や広告に関するもののため，選択肢の内容をしっかりと理解することが必要。

153. What is the purpose of the e-mail?
(A) To advertise a job opening
(B) To apply for a position
(C) To request an advertisement
(D) To offer a job

154. Where has Mr. Tanaka worked?
(A) At a newspaper company
(B) At a language school
(C) At an accounting firm
(D) At a food company

> ピンポイントで読み取る問題。

訳：アベラ様

『デイリーニュース』紙で，御社のマーケティング部長募集の広告を拝見し，その職に応募いたします。私は国際的な食品流通の会社で，過去 8 年間マーケティング部長として勤務してきました。私は 5 年間日本で勤務した経験もあり，日本文化に関する知識などを，御社のために生かせると思います。ご都合のよいときにお返事をお待ちしております。

敬具

ダグラス K. タナカ

153. E メールの目的は何ですか。
(A) 求人広告を出す／ (B) 職に応募する／ (C) 広告を依頼する／ (D) 仕事を与える

154. タナカさんはどこで働いていますか。
(A) 新聞社で／ (B) 語学学校で／ (C) 会計事務所で／ (D) 食品会社で

Day 1 人物の動作と状態

Part 1 Photographs「写真描写問題」　正解⇨128ページ

Part 1 では，人物の動作や状態が最も多く出題されます。今日は Part 1 に頻出する動詞と位置関係などを表す語句を学習しましょう。学校で学習した語句のほか，「寄りかかる」や「コピーを取る」など，英語の授業ではあまり学習しないものも TOEIC テストには出題されます。

Brush up 読んで答えよう

 イラストに合う適切な表現になる語句に○をつけてください。

❶ [hold / read] a book

❷ [pass out some paper / take notes]

❸ [go up / face] the stairs

❹ [clean / move] the table

❺ [board / wait for] the train

❻ play [sports / a musical instrument]

Exercise 1 聞いて書き取ろう

英文を聞き取り，空欄に書き入れましょう。（最初の文字は入れてあります）

① People are h_____ a conversation.
人々が会話をしている。

② The man is f_____ the door.
男性がドアのほうを向いている。

③ The woman is w_____ the p_____ .
女性が植物に水をやっている。

④ The man is l_____ a_____ the wall.
男性が壁に寄りかかっている。

⑤ The woman is s_____ b_____ the counter.
女性がカウンターの後ろに立っている。

⑥ The man is m_____ a ph_____ .
男性がコピーを取っている。

Exercise 2 読んで答えよう

イラストと合っているほうに○をつけてください。また，答えを確認する前に，もう1つがなぜ間違っているのかにも注目してください。

① [ ] (A) The man is putting on a cap.
  [ ] (B) The man is wearing a cap.

② [ ] (A) The woman is having a conversation on the phone.
  [ ] (B) The woman is hanging up the phone.

③ [ ] (A) People are waiting in line.
  [ ] (B) People are walking up the stairs.

Day 1 人物の動作と状態

Exercise 3 聞いて答えよう

それぞれの写真について4つずつ英文が読まれます。どの英文も写真を正しく描写しています。スクリプトの空欄の部分を書き取りましょう（スペルは気にせずに書いてみましょう）。

(A) People are _____ at a restaurant.
(B) People are having a _____ .
(C) People are sitting on _____ _____ of the table.
(D) People are sitting _____ _____ one another.

(A) The man is _____ a cap.
(B) The man is _____ a broom.
(C) The man is using a _____ .
(D) The man is _____ the ground.

語注 ▶ one another「お互いに」／ **broom** 名「ほうき」／ **ground** 名「地面」

| Let's try! | テスト形式に慣れよう |

 実際の TOEIC テスト Part 1 に出題される形式で練習しましょう。写真に関してそれぞれ 4 つの英文が読まれます。正しく描写しているものを選んでください。

1.

Ⓐ Ⓑ Ⓒ Ⓓ

2.

Ⓐ Ⓑ Ⓒ Ⓓ

3.

Ⓐ Ⓑ Ⓒ Ⓓ

4.

Ⓐ Ⓑ Ⓒ Ⓓ

Day 2 物の状態と位置

Part 1 Photographs「写真描写問題」 正解⇨129ページ

今日の学習では，物の状態や位置を学習します。写真に使われるものは，自動車や家具など私たちの生活に密着しているものばかりです。しっかりと状態や位置に関する表現を学習しましょう。

Brush up 読んで答えよう

 イラストに合う適切な語句に○をつけてください。

❶ [furniture / device]　❷ [vehicle / instrument]　❸ [be parked / be repaired]

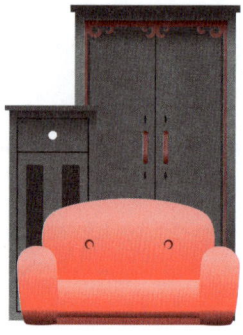  

❹ [be hanging on the wall / be lying on the floor]　❺ [be unoccupied / be attached]　❻ [be piled up / be leaning against the wall]

Exercise 1 聞いて書き取ろう

英文を聞き取り空欄に書き入れましょう。（最初の文字は入れてあります）

Day 2 物の状態と位置

CD 04

❶ **Cars are parked i_____ a r_____.**
車が一列に駐車している。

❷ **Some furniture is o_____ d_____.**
家具が陳列されている。

❸ **Telephones are l_____ u_____.**
電話機が並んでいる。

❹ **A picture is h_____ o_____ t_____ w_____.**
絵が壁に掛かっている。

❺ **Plates are a_____ on the t_____.**
皿がテーブルに並べられている。

❻ **A ladder is l_____ a_____ the wall.**
はしごが壁に立てかけられている。

Exercise 2 読んで答えよう

イラストと合っているほうに○をつけてください。また，答えを確認する前に，もう1つがなぜ間違っているのかにも注目してください。

❶ [ ] (A) A man is cooking a meal.
　[ ] (B) Some food has been placed on the table.

❷ [ ] (A) The table is occupied.
　[ ] (B) The table is unoccupied.

❸ [ ] (A) Ladders are piled up.
　[ ] (B) Boxes are lined up.

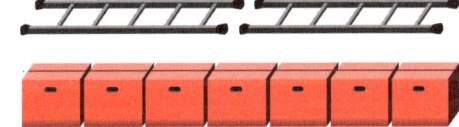

Exercise 3 聞いて答えよう

 それぞれの写真について4つずつ英文が読まれます。どの英文も写真を正しく描写しています。スクリプトの空欄の部分を書き取りましょう（スペルは気にせずに書いてみましょう）。

❶

(A) _____ _____ _____ _____ on the street.
(B) There are some trees _____ _____ _____ _____ _____ .
(C) A _____ is parked outside.
(D) All of the _____ _____ _____ .

❷

(A) There is some _____ on the _____ .
(B) The cart is _____ _____ .
(C) A bag has _____ _____ on the suitcases.
(D) The _____ _____ _____ _____ suitcases.

Let's try! テスト形式に慣れよう

実際の TOEIC テスト Part 1 に出題される形式で練習しましょう。写真に関してそれぞれ4つの英文が読まれます。正しく描写しているものを選んでください。

CD 06

1.

Ⓐ Ⓑ Ⓒ Ⓓ

2.

Ⓐ Ⓑ Ⓒ Ⓓ

3.

Ⓐ Ⓑ Ⓒ Ⓓ

4.

Ⓐ Ⓑ Ⓒ Ⓓ

Day 2 物の状態と位置

Day 3

Part 2 Question-Response 「応答問題」　正解⇨130ページ

疑問詞を使った疑問文

今日から Part 2「応答問題」の学習です。疑問詞を使った疑問文とは、What / When / Where / Who / Why / How などの疑問詞で始まる疑問文です。冒頭の疑問詞さえ聞き取ることができれば答えられる問題もあるため、Part 2 における基本的な問題と言えます。

Brush up 読んで答えよう

疑問詞の意味に○をつけ、適切な応答を下から選んで [　] に記入してください。

❶ Who is in charge of this project?　　　　　　　　　　応答：[　]
[いつ／誰]

❷ Where did you go last weekend?　　　　　　　　　　応答：[　]
[何／どこ]

❸ When is the next meeting scheduled for?　　　　　　応答：[　]
[いつ／どこ]

❹ What is the weather forecast for tomorrow?　　　　　応答：[　]
[何／どこ]

❺ How did you go to the factory?　　　　　　　　　　　応答：[　]
[どうやって／なぜ]

❻ How often do you check the photocopier?　　　　　　応答：[　]
[どのくらいの時間／どのくらいの頻度で]

❼ How long does it take from here to the airport?　　　応答：[　]
[どのくらいの時間／いくら]

❽ Why were you late for work this morning?　　　　　　応答：[　]
[何／なぜ]

(a) It's likely to rain.	(b) I went to a museum.	(c) Once a month.
(d) The train was delayed.	(e) Ms. Tyler is.	(f) Next Monday, at 10:00.
(g) Approximately 45 minutes.	(h) By taxi.	(i) Yes, I think so.

質問と応答の正しい組み合わせの音声を聞こう

チェック

1. 必ずしも疑問詞に対する直接的な応答があるとは限りません。「**知らない（わからない）**」「**まだ決まっていない**」という場合もあります。これらも適切な応答ですから、確実に正解しましょう。
I'm not sure.「わかりません」／ **It hasn't been decided yet.**「まだ決まっていません」

2. **疑問詞に対しては、Yes/No では答えられません**。Yes とは「はい、正しいです」、No とは「いいえ、正しくありません」という意味です。When「いつ」、や Where「どこ」などの質問に対して、「正しい／正しくない」という応答はできません。

Exercise 1　疑問詞を聞き取ろう

🔊 ✏️ 疑問詞を聞き取り空欄に書き入れましょう。

CD 08

① _____ is in charge of the committee?

② _____ did you submit the report?

③ _____ will the conference be held this year?

④ _____ weren't you at the meeting yesterday?

⑤ _____ _____ do you check your e-mail?

語注▶ submit 動「提出する」／ conference 名「会議」

日本語訳▶ ① 誰が委員会の責任者ですか。
② いつその報告書を提出しましたか。
③ 今年は，どこで会議が開かれますか。
④ どうして昨日会議に出なかったのですか。
⑤ どのくらいの頻度で E メールを確認しますか。

Exercise 2　聞いて答えよう

🔊 英文を聞いて，適切な応答に○をつけてください。

CD 09

① [ ] (A) On October 15.
　 [ ] (B) At the Convention Center.

② [ ] (A) It's about the next project.
　 [ ] (B) At least twice a day.

③ [ ] (A) It hasn't been decided yet.
　 [ ] (B) The extra charge is $20.

④ [ ] (A) I had to visit a client.
　 [ ] (B) No, I wasn't.

⑤ [ ] (A) To the manager.
　 [ ] (B) This morning.

語注▶ at least「少なくとも，最低でも」／ decide 動「決定する」／ extra charge「追加料金」／ client 名「顧客」

Day 3　疑問詞を使った疑問文

25

Exercise 3 疑問詞と重要表現を書き取ろう

質問と応答を聞き，スクリプトの空欄の部分を書き取りましょう（スペルは気にせずに書いてみましょう）。

1 Q: _____ will you _____ to the office?

A: I'll be back _____ _____ .

2 Q: _____ did you put the _____ ?

A: In the _____ _____ .

3 Q: _____ did you _____ yesterday?

A: Some of the _____ .

4 Q: _____ _____ is it from here to the Convention Center?

A: I'm _____ _____ .

5 Q: Do you know _____ we should _____ the report?

A: By _____ .

6 Q: Could you tell me _____ _____ this jacket _____ ?

A: It's $_____ .

Let's try! テスト形式に慣れよう

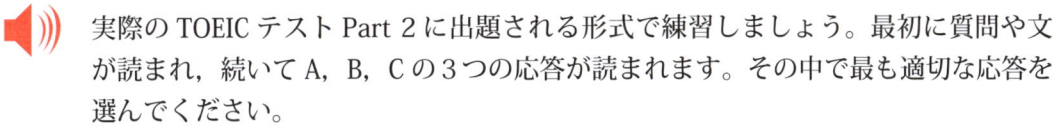

実際の TOEIC テスト Part 2 に出題される形式で練習しましょう。最初に質問や文が読まれ，続いて A, B, C の 3 つの応答が読まれます。その中で最も適切な応答を選んでください。

CD 11

1. Mark your answer. Ⓐ Ⓑ Ⓒ

2. Mark your answer. Ⓐ Ⓑ Ⓒ

3. Mark your answer. Ⓐ Ⓑ Ⓒ

4. Mark your answer. Ⓐ Ⓑ Ⓒ

CD 12

5. Mark your answer. Ⓐ Ⓑ Ⓒ

6. Mark your answer. Ⓐ Ⓑ Ⓒ

7. Mark your answer. Ⓐ Ⓑ Ⓒ

8. Mark your answer. Ⓐ Ⓑ Ⓒ

Day 4 基本構文（依頼／提案／申し出）と応答の決まり文句

Part 2 Question-Response「応答問題」　正解⇨132ページ

依頼／提案／申し出は，使われる構文がほぼ決まっています。まずはそれらを覚えてしまいましょう。また，依頼／提案／申し出を受け入れる場合，応答は決まり文句であることが多いため，こちらも合わせてセットで覚えておきましょう。正解率がグンと上がります。

Brush up 読んで答えよう

▶依頼

❶ **Could you** revise the report by the end of the day?
今日中にレポートを修正していただけますか。

❷ **Would you** help me set up the room?　部屋の準備を手伝っていただけますか。

❸ **Would you mind** opening the window?　窓を開けていただけませんか。

✏️ 依頼に対する応答です。それぞれの応答に合うように，日本語訳を選んでください。

[　] **Sure.**　[　] **Not at all.**　[　] **I'll do it right away.**　[　] **I'd be happy to.**
(a) すぐにやります。　(b) もちろん。　(c) 喜んで。　(d) まったくかまいません。（Would [Do] you mind (if)...? に対してのみ使用）

▶提案・勧誘

❹ **Why don't you** take a break?　休憩をとってはいかがですか。

❺ **Why don't we** take a taxi to the airport?　空港までタクシーで行きませんか。

❻ **How about** buying a new photocopier?　新しいコピー機を買ってはいかがですか。

❼ **Would you like to** join us for dinner?　ご一緒に夕食に行きませんか。

✏️ 提案・勧誘に対する応答です。それぞれの応答に合うように，日本語訳を選んでください。

[　] **That's a great idea.**　[　] **Sounds good to me.**　[　] **I'd love to.**
(a) いいですね。　(b) ぜひ。　(c) とてもいい考えですね。

▶申し出

❽ **Would you like** some more coffee?　もう少しコーヒーをいかがですか。

❾ **Would you like me** to attend the meeting instead of you?
あなたの代わりに私が会議に出席しましょうか。

✏️ 申し出に対する応答です。それぞれの応答に合うように，日本語訳を選んでください。

[　] **Yes, thank you.**　[　] **No, that won't be necessary.**
(a) はい，ありがとう。　(b) いいえ，その必要はありません。

Exercise 1 質問文を聞き取ろう

🔊 ➕ ✏️ 英文を聞き取り空欄に書き入れましょう。

CD 14

① _____ _____ reschedule the meeting?

② _____ _____ _____ ask someone for help?

③ _____ _____ _____ _____ join us for dinner?

④ _____ _____ _____ turning down the volume?

⑤ _____ _____ _____ finish early today?

語注▶ **reschedule** 動「予定を変更する」／ **turn down**「（音量を）下げる」

日本語訳▶ ① 会議のスケジュールを変更していただけませんか。
② 誰かに手伝いを頼んではいかがですか。
③ 夕食をご一緒しませんか。
④ ボリュームを下げていただけませんか。
⑤ 今日は早めに終わりにしませんか。

Exercise 2 聞いて答えよう

🔊 ➕ ✏️ 英文を聞いて，適切な応答に○をつけてください。

CD 15

① [ ] (A) That's a good idea.
　[ ] (B) Because they don't know.

② [ ] (A) Yes, I'd love to.
　[ ] (B) No, not at all.

③ [ ] (A) Sure, no problem.
　[ ] (B) Thanks.

④ [ ] (A) Yes, I'd love to.
　[ ] (B) I'll do it right away.

⑤ [ ] (A) That's why I like it.
　[ ] (B) Sounds good.

語注▶ **no problem**「問題ない」／ **right away**「すぐに」

Exercise 3 重要表現を書き取ろう

質問と応答を聞き，スクリプトの空欄の部分を書き取りましょう（スペルは気にせずに書いてみましょう）。

CD 16

❶ Q: Could you tell me _____ _____ _____ _____ the station?

　 A: You can _____ a _____ at that corner.

❷ Q: Would you mind _____ this _____ for me now?

　 A: I'm sorry, but I'm _____ _____ _____ to a meeting.

❸ Q: Why don't we _____ _____ _____ _____ ?

　 A: I _____ _____ _____ , but I have to see my client today.

❹ Q: Would you like me to _____ your _____ _____ ?

　 A: Thanks. That would _____ _____ .

❺ Q: How about _____ _____ _____ _____ at 4:00?

　 A: _____ _____ I'll be out of the office then.

❻ Q: Would you like _____ _____ _____ on the project?

　 A: No, that _____ _____ _____ .

語注 ▶ be out of the office 「会社を留守にしている」

Let's try! テスト形式に慣れよう

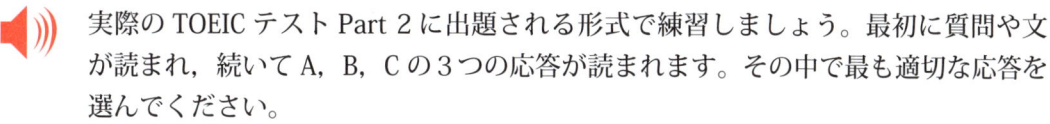

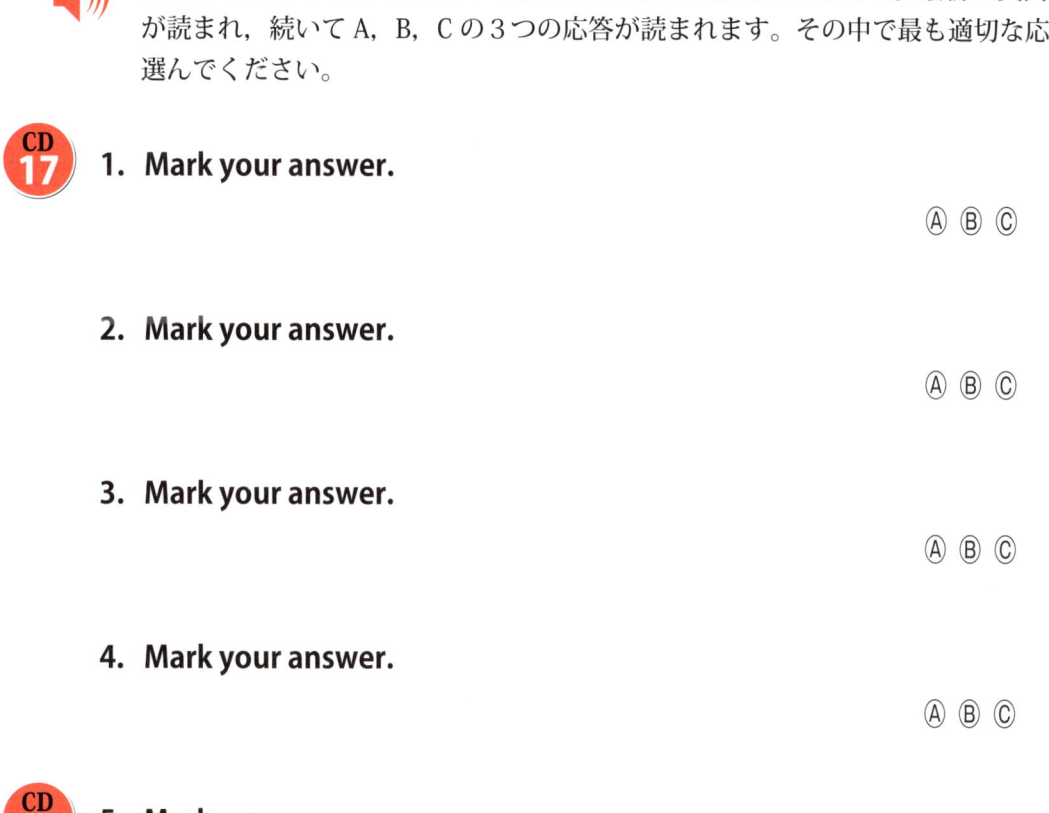

実際のTOEICテストPart 2に出題される形式で練習しましょう。最初に質問や文が読まれ，続いてA，B，Cの3つの応答が読まれます。その中で最も適切な応答を選んでください。

CD 17

1. Mark your answer.　　Ⓐ Ⓑ Ⓒ

2. Mark your answer.　　Ⓐ Ⓑ Ⓒ

3. Mark your answer.　　Ⓐ Ⓑ Ⓒ

4. Mark your answer.　　Ⓐ Ⓑ Ⓒ

CD 18

5. Mark your answer.　　Ⓐ Ⓑ Ⓒ

6. Mark your answer.　　Ⓐ Ⓑ Ⓒ

7. Mark your answer.　　Ⓐ Ⓑ Ⓒ

8. Mark your answer.　　Ⓐ Ⓑ Ⓒ

Day 5

Part 2 Question-Response「応答問題」　正解⇨133ページ

Yes/No 疑問文

Yes/No 疑問文は，Part 2 の 30 問中 10 問程度出題されます。疑問詞を使った疑問文とは異なり，冒頭ではなく内容を理解しなくてはならないため，難度が高めです。今日は，どのようにポイントを聞き取ればよいかを学習しましょう。

Brush up 読んで答えよう

 フレーズや文の正しい意味になるように［　］の中に○をつけ，答えを確認した後で，フレーズや文を書いてみましょう。

❶ submit the report
レポート［を提出する／を受け取る］

❷ revise the proposal
提案書［を承認する／を修正する］

❸ be available
［手に入る／売り切れている］

❹ sign up for the seminar
セミナー［に申し込む／をキャンセルする］

❺ hire new employees
新しい社員［を配属する／を雇う］

❻ make a reservation
［予約／変更］をする

❼ be satisfied with ～
［～をよく知っている／～に満足している］

❽ The meeting was held.
会議が［開かれた／計画された］。

❾ The meeting was postponed.
会議が［招集された／延期された］。

❿ reschedule the meeting
会議［を再開する／の予定を変更する］

Exercise 1　内容を聞き取ろう

英文を聞き取り空欄に書き入れましょう。

CD 20

① Has the _____ _____ yet?

② Are _____ still _____ ?

③ Did you _____ _____ _____ the seminar?

④ Aren't we going to _____ _____ _____ _____ ?

⑤ You've _____ a _____ , haven't you?

日本語訳▶
① 注文した商品はもう届いていますか。
② チケットはまだありますか。
③ そのセミナーに申し込みましたか。
④ 新しい従業員を雇う予定ではないのですか。
⑤ 予約はしたのですよね？

Exercise 2　聞いて答えよう

英文を聞いて，適切な応答に○をつけてください。

CD 21

① [ ] (A) Yes, five more people.
　[ ] (B) No, higher than that.

② [ ] (A) Yes, it's in the supply room.
　[ ] (B) No, it was yesterday.

③ [ ] (A) Yes, please.
　[ ] (B) No, not yet.

④ [ ] (A) Sign here please.
　[ ] (B) Actually, I took it last year.

⑤ [ ] (A) It's a French movie.
　[ ] (B) How many do you need?

語注▶ supply room「備品室」

Day 5　Yes/No 疑問文

Exercise 3　重要表現を書き取ろう

質問と応答を聞き、スクリプトの空欄の部分を書き取りましょう（スペルは気にせずに書いてみましょう）。

1 Q: Did you watch the _____ _____ for tomorrow?

A: Yes, it's _____ _____ _____ .

2 Q: Can you _____ _____ the office by 2:00?

A: No, I _____ _____ _____ until 3:00.

3 Q: Didn't you _____ _____ _____ ?

A: Yes, but we don't have a large _____ _____ for that.

4 Q: Did you finish _____ the _____ _____ ?

A: Yes, and I _____ it to the sales manager.

5 Q: Did you hear that _____ _____ has been _____ ?

A: Yes, it's been _____ _____ next Friday, hasn't it?

6 Q: Are you _____ _____ the sales results?

A: Yes, they are much _____ _____ I expected.

語注 ▶ sales results「売上げ結果、販売成績」／ expect 動「見込む、予想する」

Let's try! テスト形式に慣れよう

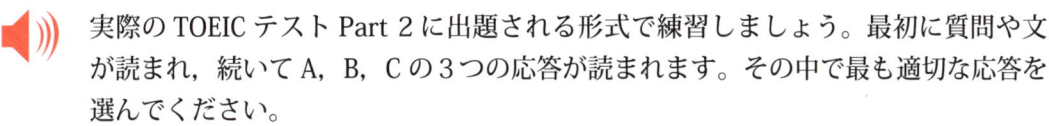

🔊 実際のTOEICテスト Part 2 に出題される形式で練習しましょう。最初に質問や文が読まれ，続いてA，B，Cの3つの応答が読まれます。その中で最も適切な応答を選んでください。

CD 23

1. Mark your answer.
   Ⓐ Ⓑ Ⓒ

2. Mark your answer.
   Ⓐ Ⓑ Ⓒ

3. Mark your answer.
   Ⓐ Ⓑ Ⓒ

4. Mark your answer.
   Ⓐ Ⓑ Ⓒ

CD 24

5. Mark your answer.
   Ⓐ Ⓑ Ⓒ

6. Mark your answer.
   Ⓐ Ⓑ Ⓒ

7. Mark your answer.
   Ⓐ Ⓑ Ⓒ

8. Mark your answer.
   Ⓐ Ⓑ Ⓒ

Day 6

正解⇨135ページ

Day 1 〜 Day 5 の復習

今日の学習は，Day 1 〜 Day 5 の復習（Part 1 と Part 2）を行います。ここまでの学習がしっかり理解できたかどうか確認しましょう。Part 1 と Part 2 はやさしい問題も多いためしっかりと理解しておきましょう。

Review 1　Part 1

 英文を聞き，写真の描写として正しければ○を，間違っていたら×をつけましょう。○は1つとは限りません。

❶ [　]
❷ [　]
❸ [　]
❹ [　]

❺ [　]
❻ [　]
❼ [　]
❽ [　]

36

Let's try! 1 本番形式の問題に挑戦してみましょう

実際のTOEICテストPart 1に出題される形式の問題を解いてみましょう。
写真に関して4つの英文が読まれます。正しく描写しているものを選んでください。

CD 26

1. Ⓐ Ⓑ Ⓒ Ⓓ

2. Ⓐ Ⓑ Ⓒ Ⓓ

3. Ⓐ Ⓑ Ⓒ Ⓓ

4. Ⓐ Ⓑ Ⓒ Ⓓ

Day 6　Day 1〜Day 5の復習

37

Review 2　Part 2

🔊 質問とそれに対する2つの応答を聞き，適切な応答であれば○を，間違っていたら×をつけましょう。両方適切な応答である場合もあります。

CD 27

❶ (A) [　]　　(B) [　]

❷ (A) [　]　　(B) [　]

❸ (A) [　]　　(B) [　]

❹ (A) [　]　　(B) [　]

❺ (A) [　]　　(B) [　]

コラム

　Part 2で学習した語句やフレーズは，Part 3やPart 4でも登場しますから，しっかりと復習しておきましょう。こうしたフレーズがナチュラルスピードの会話の中に出てきた場合でも，Part 2で学習したものをしっかりと理解できていれば大丈夫です。

　さらに英語のスピードやフレーズに慣れるためには，以下に紹介する**リピート**や，**シャドーイング**を行うと効果的です。

●**リピート**

　まずは文で意味を確認します。その後，音声を聞き，同じスピード，発音，リズム，イントネーションで口に出してみましょう。とにかく，マネをしましょう。

●**シャドーイング**

　英文をすべて理解しているものを使います。音声を流しっぱなしにし，聞こえたものを口に出しながら追いかけていきます。スムーズに言えるようになったら，フレーズが身に付いてきた証拠です。

Let's try! 2 本番形式の問題に挑戦してみましょう

🔊 実際のTOEICテストPart 2に出題される形式の問題を解いてみましょう。最初に質問や文が読まれ、続いてA，B，Cの3つの応答が読まれます。その中で最も適切な応答を選んでください。

CD 28

1. Mark your answer.   Ⓐ Ⓑ Ⓒ

2. Mark your answer.   Ⓐ Ⓑ Ⓒ

3. Mark your answer.   Ⓐ Ⓑ Ⓒ

4. Mark your answer.   Ⓐ Ⓑ Ⓒ

CD 29

5. Mark your answer.   Ⓐ Ⓑ Ⓒ

6. Mark your answer.   Ⓐ Ⓑ Ⓒ

7. Mark your answer.   Ⓐ Ⓑ Ⓒ

8. Mark your answer.   Ⓐ Ⓑ Ⓒ

Day 7　品詞

Part 5 Incomplete Sentences「短文穴埋め問題」　正解⇨138ページ

今日からPart 5「短文穴埋め問題」を学習します。約20問ある文法問題の中で，10問程度出題されるのが品詞問題です。語順に関する知識が必要となるため，しっかりと空欄の前後の単語との結びつきを理解することが大切です。

Brush up　品詞の確認をしよう

▶ **名詞**　名詞とは，意味的には人・物の名前や役割，抽象的な概念などを表します。形式的には，主語や目的語（動作の対象）になるものです。単数形・複数形と変化するものもあります。

❶ The **production** of flat screen TVs has increased in Japan.

名詞によくある形は，**-tion** / **-ment** / **-ance** / **-ence** などです。
comple**tion**「完成」, achieve**ment**「達成」, import**ance**「重要性」, conveni**ence**「便利さ」

▶ **動詞**　動詞とは，主語の動作や状態を表します。文の核になるものと考えてもよいでしょう。主語が単数か複数かによって，また時制が現在か過去かによって語形が変化するという特徴があります。

❷ The Sanders Group **produces** a wide variety of kitchen products.

動詞によくある形は，**-fy** / **en-** / **-en** / **-ize** などです。
quali**fy**「資格を与える」, **en**large「大きくする」, short**en**「短くする」, organ**ize**「まとめる」

▶ **形容詞**　形容詞とは，名詞の説明に使われ，「どんな？」という性質を表す役割を持っています。名詞の前につくほか，主語とイコールの関係としてbe動詞の後ろに置かれます。

❸ Carnell Anderson had a **productive** discussion with one of his clients yesterday.

形容詞によくある形は，**-ive** / **-ic** / **-ous** / **-ful** / **-able** / **-al** などです。
creat**ive**「創造的な」, specif**ic**「具体的な」, vari**ous**「様々な」, success**ful**「成功して」,
valu**able**「価値のある」, confidenti**al**「極秘の」

▶ **副詞**　副詞とは，主として動詞や形容詞の説明に使われ，「どんなふうに？」あるいは「どれくらい？」と様子や程度を表す役割を持っています。

❹ It is important for consultants to spend their time **productively**.

副詞によくある形は，語尾に **-ly** がつくものです。
immediate**ly**「すぐに」, proper**ly**「適切に，きちんと」, significant**ly**「著しく，大幅に」

語注▶ production 名「生産」／ flat screen TV「薄型テレビ」／ increase 動「増える，増やす」／ produce 動「生産する」／ product 名「製品」／ productive 形「生産的な，実りある」／ productively 副「有意義に」

日本語訳▶ ❶ 薄型テレビの生産が，日本で増加しています。
❷ サンダース・グループは，様々な台所用製品を製造しています。
❸ カーネル・アンダーソンは，昨日顧客の一人と実りある話し合いをしました。
❹ コンサルタントが彼らの時間を有意義に使うことは重要です。

Exercise 1 フレーズを覚えよう

日本語の意味と同じになるように，適切な単語を（　）から選んで空欄に書き入れましょう。

▶名詞

❶ 職への必要条件

the _____ for the position
(require / requirements)

❷ 予約をする

make a _____
(reserve / reservation)

❸ 担当者の一人

one of the _____
(representative / representatives)

▶動詞

❹ レポートを提出する

_____ the report
(submission / submit)

❺ 会議に出席するだろう

will _____ the meeting
(attend / attended)

❻ 会議の前にアイデアをまとめてください。

Please _____ your ideas before the meeting.
(organize / organization)

▶形容詞

❼ 成功する応募者（採用される応募者）

a _____ candidate
(successfully / successful)

❽ 効果的なアプローチ

an _____ approach
(effect / effective)

❾ チケットは買うことができる。

The tickets are _____ .
(availably / available)

▶ 副詞

10 効率的に働く

work _____
(efficient / efficiently)

11 大幅に増加する

rise _____
(significance / significantly)

12 すぐにレポートを修正する

revise the report _____
(immediate / immediately)

Exercise 2 文を作ってみよう

日本語に合う文になるように，語群を並べ替えて書き入れましょう（文の始めは大文字にしてください）。

1 資料の準備は明日までに終わらせなければならない。

_____ the materials must be completed by
(the / of / preparation)

tomorrow.

2 極秘資料を机の上に置きっぱなしにしてはいけない。

Do not _____ on your desk.
(documents / leave / confidential)

3 年末までに，石油の価格が急激に上がると予想されている。

_____ in the price of oil is expected by the
(sharp / increase / a)

end of the year.

4 新しいコピー機が，正常に作動しなかった。

The new photocopier _____ .
(did / work / not / properly)

語注 ▶ material 名「資料」

42

Let's try! テスト形式に慣れよう

実際のTOEICテスト Part 5に出題される形式で練習しましょう。空欄に入る適切な語を選んでください。わからない単語があっても気にせずに、文法・語法に注目して解いてみましょう。

1. ------- candidates will have at least three years of managerial experience.
   (A) Success
   (B) Succeed
   (C) Successful
   (D) Successfully   Ⓐ Ⓑ Ⓒ Ⓓ

2. Richard Norton did not meet one of the ------- for the position.
   (A) requirement
   (B) requiring
   (C) requirements
   (D) require   Ⓐ Ⓑ Ⓒ Ⓓ

3. Paula McDonald needs to ------- the proposal by the end of the week.
   (A) revision
   (B) revise
   (C) revised
   (D) revising   Ⓐ Ⓑ Ⓒ Ⓓ

4. *Learning Guide* includes a wide variety of methods to study a foreign language ------- .
   (A) effective
   (B) effectively
   (C) effect
   (D) effected   Ⓐ Ⓑ Ⓒ Ⓓ

Day 8

Part 5 Incomplete Sentences「短文穴埋め問題」　正解⇨138ページ

動詞

動詞のポイントには，時制（現在形・過去形・現在完了形など），態（能動態・受動態），不定詞（to ～），動名詞（～ ing）などがあり，Part 5 のみでなく，Part 6 で問われることもあります。ここでは，英文を読む際の基本となる時制と態を学習します。

Brush up　時制と態について確認をしよう

▶時制

❶ 現在形　　We **hold** a staff meeting every week.
　　　　　　　　現在形　　　　　　　　　「時」を表すキーワード

　キーワード：now「今」／ currently「現在」／ every week「毎週」など

❷ 過去形　　I **submitted** the report to Ms. Anderson yesterday.
　　　　　　　　過去形　　　　　　　　　　　　　「時」を表すキーワード

　キーワード：yesterday「昨日」／ last week「先週」／ when it was ordered「注文されたとき」など

❸ 現在完了形　I **have worked** for DS Technologies for two years.
　　　　　　　　　現在完了形　　　　　　　　　「時」を表すキーワード

　キーワード：for the past two years「過去 2 年間」／ since its foundation「創立以来」など

❹ 未来表現　We **will ship** your order next week.
　　　　　　　　未来表現　　　　　　「時」を表すキーワード

　キーワード：tomorrow「明日」／ next week「来週」／ upcoming conference「今度の会議」など

▶能動態 vs. 受動態　　主語と動詞（＋目的語）の関係をチェック！

❺ 能動態

<u>Mr. Beck</u>　**submitted**　[the sales report] by e-mail.
　主語　　　　動詞（提出した）→目的語（何を？＝販売レポート）

人物と submit の関係は，「人物が提出する」→「レポートを」となります。人物は提出されませんね。

❻ 受動態

[The sales report]　**was submitted**　by e-mail by Mr. Beck.
　　主語　　　　　←　動詞（提出された）

report と submit の関係は，「レポートが提出される」となります。レポートが何かを提出することはありませんね。

日本語訳 ▶ ❶ 私たちは毎週スタッフミーティングを開きます。❷ 私は昨日アンダーソンさんにレポートを提出しました。❸ 私は DS テクノロジーズで 2 年間働いています。❹ ご注文の商品を来週発送します。❺ ベックさんは E メールで販売レポートを提出しました。❻ 販売レポートは，ベックさんにより E メールで提出されました。

Exercise 1 時制問題と態問題

時制問題は下線をヒントに，態問題は日本語をヒントに，適切な語句を（　）から選んで空欄に書き入れましょう。

▶時制

❶ The new product ＿＿＿＿＿＿＿＿＿＿ currently out of stock.
　　　　　　　　　　(is / was)

❷ Kelly Megan ＿＿＿＿＿＿＿＿＿＿ her flight to tomorrow afternoon.
　　　　　　　(will reschedule / reschedules)

❸ Sales ＿＿＿＿＿＿＿＿＿＿ sharply since John Rose became the CEO.
　　　　(increased / have increased)

❹ We ＿＿＿＿＿＿＿＿＿＿ the contract with Rax Tower at the last meeting.
　　　(renewed / have renewed)

▶態

❺ Nine people will ＿＿＿＿＿＿＿＿＿＿ the upcoming meeting.
　　　　　　　　　(attend / be attended)【出席する／出席される】

❻ Please ＿＿＿＿＿＿＿＿＿＿ your résumé to George Perras by August 31.
　　　　(submit / be submitted)【提出する／提出される】

❼ The mechanical problem ＿＿＿＿＿＿＿＿＿＿ by our technical staff
　　　　　　　　　　　　(solved / was solved)【解決する／解決される】
this morning.

❽ Lunch ＿＿＿＿＿＿＿＿＿＿ in the price.
　　　　(includes / is included)【含む／含まれる】

語注 ▶ out of stock「在庫を切らして」／ sharply 副「急激に」／ CEO（= Chief Executive Officer）「最高経営責任者」／ contract 名「契約（書）」／ upcoming 形「今度の」／ mechanical 形「機械の」／ technical 形「技術の」

日本語訳 ▶ ❶ 新製品は，現在在庫切れです。
❷ ケリー・ミーガンは，飛行機の便を明日の午後に予定を変更します。
❸ ジョン・ローズが最高経営責任者になって以来，売上は急激に伸びています。
❹ 私たちは，前回の会議で，ラックスタワーとの契約を更新しました。
❺ 9 人が今度の会議に出席します。
❻ 8 月 31 日までにジョージ・ペラスに履歴書をお送りください。
❼ 今朝，技術スタッフによって機械の問題が解決されました。
❽ 価格には昼食代が含まれています。

Exercise 2 間違いを直そう

日本語に合うように，間違いを訂正して正しい文を書いてください。

❶ 私は昨日販売ワークショップに申し込みました。

I will sign up for the sales workshop yesterday.

[　　　　　　　　　　　　　　　　　　　　　　　　　　　　　　　]

❷ 私たちは50年以上お客様にサービスを提供しています。

We are serving customers for more than 50 years.

[　　　　　　　　　　　　　　　　　　　　　　　　　　　　　　　]

❸ 資料は明日までに修正されなくてはなりません。

The document must revise by tomorrow.

[　　　　　　　　　　　　　　　　　　　　　　　　　　　　　　　]

❹ この本には，誤った情報が含まれています。

The book is contained incorrect information.

[　　　　　　　　　　　　　　　　　　　　　　　　　　　　　　　]

> 車にとってのエンジンに相当するものが，英文にとっての動詞です。つまり，動詞は文の「核」。「いつの話か」，「主語や目的語との関係」など，普段から英文を読むときには，動詞に注意して読んでみましょう！

Let's try! テスト形式に慣れよう

実際のTOEICテストPart 5に出題される形式で練習しましょう。空欄に入る最も適切な語・語句を選んでください。わからない単語があっても気にせずに，文法・語法に注目して解いてみましょう。

1. Please note that a new security system ------- last week.

    (A) has been installed
    (B) be installed
    (C) was installed
    (D) will be installed

2. To sign up for the workshop, you must ------- an application form.

    (A) complete
    (B) be completed
    (C) completing
    (D) completion

3. If you wish to ------- your contract with us, please sign the attached document and send it to us no later than November 1.

    (A) be renewed
    (B) renewing
    (C) renewal
    (D) renew

4. The upcoming technology conference ------- at the National Convention Center on February 13.

    (A) was held
    (B) will be held
    (C) holds
    (D) will hold

Day 9 代名詞・関係代名詞

Part 5 Incomplete Sentences「短文穴埋め問題」　正解⇨139ページ

すでに述べたことについて言及するときに使われる代名詞，そして日本語と英語の語順が逆になる関係代名詞の理解は，英文を読み取るためにとても重要です。今日は代名詞と関係代名詞を学習します。

Brush up 代名詞と関係代名詞の問題について確認をしよう

▶ **代名詞**　代名詞の問題は，正しい形（they, their, them, themselves など）を問うものと，正しい意味（my, your, his, her, its, our, your, their）の2つがよく問われます。

❶ Visitors to the museum are required to present ------- tickets to the staff at the entrance.　（名詞）

(A) they（＝主語の役割を担う主格）　(B) them（＝動詞や前置詞の後ろに置かれる目的格）

(C) their（＝名詞の前に置かれる所有格）　(D) themselves（＝自身を示す再帰代名詞）

❷ Visitors to the museum are required to present ------- tickets to the staff at the entrance.

(A) its（＝単数形の名詞を指す所有格）　(B) your（＝読み手を指す所有格）

(C) their（＝複数形の名詞を指す所有格）　(D) his（＝1人の特定の男性を指す所有格）

▶ **関係代名詞**　関係代名詞とは，「工場で働いている社員」のように名詞「社員」について，文「工場で働いている」を用いて説明する「大きな形容詞」の役割を担います。日本語とは異なり，名詞（先行詞）の後ろに説明が続きます。関係代名詞の問題は，基本的に who, which / that, whose の3つが出題されます。それぞれの使い方を確認しておきましょう。

❸ who

Employees who { work in the factory } must follow the safety rules at all times.
社員　←　工場で働いている（employees work in the factory の関係）

❹ which / that

All of the files which { are stored in the filing cabinet } are confidential.
ファイル　←　保管されている（files are stored の関係）

❺ whose

A journalist, Jane Venters, has published a novel whose { story is based on historical fact }.
小説　←　（小説の）話（novel's story の関係）

日本語訳▶ ❶, ❷ 美術館への訪問者は，入口で係員にチケットを見せることを要求されます。
❸ 工場で働いている社員たちは，常に安全規則に従わなければなりません。
❹ ファイルキャビネットに保管されているすべてのファイルは極秘です。
❺ ジャーナリストのジェーン・ベンターズは，話が歴史的事実に基づいている小説を出版しました。

Exercise 1　代名詞問題と関係代名詞問題

代名詞問題は下線をヒントに，関係代名詞問題は□で囲まれた名詞と下線をヒントに，適切な単語を選んで書き入れましょう。

▶代名詞

❶ Please <u>contact</u> ＿＿＿＿＿＿ if you have any questions.
(we / us)

❷ You are required to submit ＿＿＿＿＿＿ <u>résumé</u> by the end of the week.
(you / your)

❸ Jack Howards completed <u>the registration form</u>, and sent ＿＿＿＿＿＿ to the office.
(him / it)

❹ <u>The new mobile phone</u> is well-known for ＿＿＿＿＿＿ high quality built-in camera.
(its / their)

▶関係代名詞

❺ ｜Shoppers｜ ＿＿＿＿＿＿ <u>have</u> our membership card can receive 20 percent off of their purchases.
(who / which)

❻ The opera will be held at ｜Murphy Hall｜, ＿＿＿＿＿＿ <u>is located</u> in the center of the city.
(who / which)

❼ Many business magazines have reported on the success of ｜WY Inc.｜, ＿＿＿＿＿＿ <u>products</u> are popular among designers.
(whose / that)

❽ ｜Those｜ ＿＿＿＿＿＿ <u>wish</u> to participate in the upcoming sales seminar must register in advance.
(who / which)

語注 ▶ **built-in** 形「内蔵の」／ **participate in ~**「～に参加する」／ **register** 動「登録する」

日本語訳 ▶ ❶ 質問がある場合は，私たちに連絡ください。　❷ 今週末までに履歴書を提出することが義務づけられています。　❸ ジャック・ハワーズは登録用紙に記入し，それをオフィスに送りました。　❹ 新しい携帯電話は，高品質の内蔵カメラでよく知られています。　❺ 当店の会員カードをお持ちのお客様は，お買い物の20％オフとなります。　❻ オペラは，市の中心にあるマーフィーホールで開催されます。　❼ 多くのビジネス誌が，デザイナーの間で人気のある商品を作っているWY社の成功を報じています。　❽ 今度の販売セミナーに参加を希望している人は，事前に登録しなくてはなりません。

Exercise 2 間違いを直そう／文を作ってみよう

代名詞の間違いを訂正して正しい文を書いてください。

❶ **Fill out the application form, and submit it to our by e-mail.**
[   ]

❷ **Cellons Corp. is planning to advertise a new line of them products widely.**
[   ]

日本語に合うように（　　）内の語句を適切な順に並べてください。

❸ 私たちは，その職の資格がある応募者に連絡をします。
We will contact _____ .
(are qualified / applicants / for the position / who)

❹ 極秘の情報を含むファイルは，カギの掛かったキャビネットに保管しなくてはなりません。
Any _____ **must be stored**
(files / confidential / contain / which / information)
in a locked cabinet.

> 関係代名詞とは，文を使って名詞を説明する際に使われるものです。よって，「大きな形容詞」だと思ってください。日本語では，どんなに長くなっても，「書店で売られている 書き込みドリル」というふうに「名詞の前」に置きますが，英語の場合は，文で説明するには「書き込みドリル which 書店で売られている」という語順になります。

語注 ▶ **fill out**「（必要事項にすべて）記入する」／ **advertise** 動「宣伝する」／ **applicant** 名「応募者，候補者」

日本語訳 ▶ ❶ 応募用紙に記入し，Eメールで弊社に提出してください。
❷ セロンズ・コーポレーションは，新製品を広く宣伝する計画をしています。

> **Let's try!** テスト形式に慣れよう

実際の TOEIC テスト Part 5 に出題される形式で練習しましょう。空欄に入る適切な語を選んでください。わからない単語があっても気にせずに，文法・語法に注目して解いてみましょう。

1. All of the mechanical parts need to be checked carefully before ------- are distributed to each factory.

    (A) their
    (B) they
    (C) themselves
    (D) them

2. We are currently seeking someone ------- has at least five years of managerial experience.

    (A) whose
    (B) which
    (C) who
    (D) whom

3. Ms. Roberts is planning to leave Rax Tower and start ------- own company next year.

    (A) your
    (B) her
    (C) their
    (D) its

4. The annual conference will take place at the National Convention Center, ------- location is indicated on the map.

    (A) where
    (B) its
    (C) which
    (D) whose

Day 9 代名詞・関係代名詞

51

Day 10 接続詞・前置詞

Part 5 Incomplete Sentences「短文穴埋め問題」　正解⇨140ページ

逆接や理由などを表すときに使われるものに，接続詞や前置詞があります。Part 5 では，意味だけでなく，文法的な使い方も問われます。また，これらはリスニングとリーディングの両方で全体的に使われるため，しっかりと身に付けておきましょう。

Brush up 接続詞と前置詞について確認をしよう

❶ 接続詞

接続詞は，逆接 although「〜にもかかわらず」や，理由 because「〜なので」などの後ろに主語と動詞が続き，「 接続詞　主語'＋動詞', 主語＋動詞（＋目的語）.」または「主語＋動詞 接続詞　主語'＋動詞'.」という形になります。

Although　Mr. Takeda　has reviewed　(the document thoroughly), it still
接続詞　　　主語'　　　動詞'　　　　　　　　　　　　　　　　　　　　　主語
contains a few errors.
動詞

重要な接続詞
- 逆接：although ／ though ／ even though「〜にもかかわらず」, while「〜である一方」
- 理由：because ／ since「〜なので」
- 期間：while「〜の間」（逆接の while との違いは文脈から判断する）
- 条件：if「もし〜なら」, unless「〜でない限りは，もし〜でないなら」
- とき：when「〜するとき」, once「（一度）〜したら」

重要な相関語句　以下の特定の接続詞とセットで使われる表現は暗記しておきましょう。
both A and B「A と B の両方とも」　either A or B「A と B のどちらか」
neither A nor B「A も B も〜ない」　not only A but (also) B「A だけでなく B も」

❷ 前置詞

前置詞は，逆接 despite「〜にもかかわらず」や, 理由 because of, due to「〜なので，〜のため」などの後ろに名詞や名詞句（名詞のかたまり）が続き,「 前置詞　名詞（句）, 主語＋動詞（＋目的語）.」または「主語＋動詞 前置詞　名詞（句）.」という形となります。

Despite　Mr. Takeda's thorough review, the document still contains a few
前置詞　　　　名詞句
errors.

重要な前置詞
- 逆接：despite ／ in spite of「〜にもかかわらず」
- 理由：because of ／ due to「〜なので，〜のため」
- 期間：during「〜の間」
- 時　：following「〜の後で，〜に続いて」

接続詞と前置詞の2つの使い方ができる語：
after「〜の後で」, before「〜の前に」, since「〜なので（接続詞の場合のみ），〜以来」, as「〜なので（接続詞の場合のみ），〜として」

※接続詞 and ／ but ／ or ／ so は，A and B や，A but B のように使われ，冒頭に置かれることは多くありません。

日本語訳▶ ❶ タケダ氏が徹底的に書類を見直したにもかかわらず，まだ少しの間違いが含まれています。
❷ タケダ氏の徹底した見直しにもかかわらず，書類にはまだ少しの間違いが含まれています。

Exercise 1 接続詞問題と前置詞問題

下線をヒントに，適切な語句を（　）から選んで書き入れましょう。

❶ _____ we placed an order yesterday, we have not received
(Although / Despite)

an order confirmation e-mail yet.

❷ Flight 222 for Tokyo has been canceled _____ a mechanical
(because / due to)

problem.

❸ If you have any questions, please do not hesitate to contact us either
by e-mail _____ by telephone.
(and / or)

❹ _____ the time nor the location for the next conference has
(Neither / Only)

been announced yet.

❺ The tourists were recommended to visit some of the famous museums
_____ they were in New York.
(during / while)

❻ _____ the president's speech, new employees will visit the
(Unless / Following)

manufacturing plant.

❼ _____ you have completed the form, please give it to one of
(Once / Even though)

our representatives.

❽ _____ the fact that this software is available only in English,
(Despite / Even though)

it is widely popular even in non-English speaking countries.

語注▶ **place an order**「注文をだす」／ **order confirmation e-mail**「注文確認のEメール」／ **hesitate** 動「ためらう，遠慮する」／ **yet** 副「まだ」／ **announce** 動「発表する」／ **recommend** 動「推薦する」

日本語訳▶ ❶ 昨日注文をだしたにもかかわらず，まだ注文確認のEメールを受け取っていません。
❷ 機械の問題のため，東京行きの222便はキャンセルとなりました。
❸ 質問がある場合は，遠慮なくEメールまたは電話でご連絡ください。
❹ 次の会議の時間も場所もまだ発表されていません。
❺ 観光客は，ニューヨークにいる間にいくつかの有名な美術館を訪れることを勧められました。
❻ 社長のスピーチに続いて，新入社員は製造工場を見学します。
❼ 用紙に記入したら，弊社係員の1人にお渡しください。
❽ このソフトウェアは英語でしか利用できないという事実があるにもかかわらず，英語を話さない国々でも幅広く人気があります。

Day 10 接続詞・前置詞

Exercise 2 文を作ってみよう

適切な意味になるように，接続詞または前置詞に続く文や名詞句を語群から選び，空欄に書き入れて文を完成しましょう。

❶ Although _____ , you have to sign up for it in advance.

   (a) the seminar is free of charge
   (b) you have to apply for the seminar
   (c) the seminar has been canceled

❷ Due to _____ , you cannot enter the building over the weekend.

   (a) the renovation has started
   (b) the renovation is scheduled
   (c) the renovations

❸ You are not allowed to leave your seat during _____ .

   (a) the performance is in progress
   (b) the performance
   (c) after the performance

❹ The new factory was scheduled to be completed on June 1, but _____ .

   (a) the construction has begun
   (b) the construction has been completed
   (c) the construction has been delayed

語注 ▶ **sign up for ~**「~を申し込む」／ **enter** 動「~に入る」／ **renovation** 名「改修，改装」／ **be not allowed to ~**「~することを禁じられている」／ **in progress**「進行中で」／ **performance** 名「公演，演奏」／ **construction** 名「建設（工事）」

54

Let's try! テスト形式に慣れよう

実際のTOEICテストPart 5に出題される形式で練習しましょう。空欄に入る適切なものを選んでください。わからない単語があっても気にせずに、文法・語法に注目して解いてみましょう。

1. ------- the train was delayed for more than one hour, our sales representatives missed their scheduled flight.

   (A) Because
   (B) So
   (C) Due to
   (D) Even

2. Qualified applicants must have experience in serving customers ------- in English and Japanese.

   (A) neither
   (B) either
   (C) but
   (D) both

3. We will send the workshop materials to participants ------- we have received your payment.

   (A) after
   (B) because of
   (C) following
   (D) while

4. ------- his lack of experience in the mobile phone technology industry, Mr. Schiller has been appointed as a vice president of CME Technologies.

   (A) Even though
   (B) However
   (C) Despite
   (D) But

Day 11

Day 7 ～ Day 10 の復習

正解⇒140ページ

今日の学習は，Day 7 ～ Day 10 の復習（Part 5）を行います。ここまでの学習がしっかり理解できたかどうか確認しましょう。文法はポイントの理解が不可欠です。しっかりと身に付けておきましょう。

Review 1　Part 5

それぞれの空欄に入る最も適切な語句を，（　）から選んで記入してください（始めにくる場合は最初の文字を大文字にしてください）。

❶ 品詞　(sharp / sharply / sharpness / sharpen)

a. The _____ increase in sales is a result of our promotional campaign.

b. Our sales have increased _____ in the past year.

❷ 動詞　(submit / submitted / was submitted / will submit)

a. I _____ the sales report before you came back from your business trip.

b. I _____ my résumé to the personnel office by the end of the day tomorrow.

c. The sales report _____ after we reviewed it thoroughly.

❸ 接続詞／前置詞　(although / despite / while / during)

a. _____ some problems, the building construction was completed on time.

b. Vista Store is open until 10:00 P.M. _____ the holiday season.

c. Mr. Jackson received several messages _____ he was out of town.

❹ 代名詞／関係代名詞　(they / them / their / who / which / whose)

a. People _____ wish to apply for the position must submit _____ résumé to us.

b. All of the documents _____ are stored on this shelf are not allowed to be taken outside of the office because _____ are confidential.

語注▶ **sales** 名「売り上げ」／ **business trip**「出張」／ **personnel office**「人事部」／ **review** 動「点検する，見直す」／ **store** 動「保管する」／ **confidential** 形「極秘の」

Review 2 Part 5

下線が引かれた2つの語句のうち、間違っているほうの（　）に正しい語句を書いてください。

❶ 会議室を予約するためには、デイビッド・スミスさんにEメールで連絡してください。

To make a <u>reserve</u> for a meeting room, please <u>contact</u> David Smith by
（　　　　　）　　　　　　　　　　　　（　　　　　）
e-mail.

❷ 私たちは先週新しいコピー機を購入しましたが、それは正常に動きません。

We <u>purchased</u> a new copy machine last week, but it is not functioning
　（　　　　　）
<u>proper</u>.
（　　　　　）

❸ 登録用紙を返送する際には、支払金を同封することを忘れないでください。

Do not forget to <u>be enclosed</u> your payment <u>when</u> you return the
　　　　　　　　　（　　　　　）　　　　　　　（　　　　　）
registration form.

❹ 製造工場で働く人々は、ヘルメットと手袋を身に着けなくてはなりません。

Those <u>who</u> work at the manufacturing factory must wear <u>either</u> a
　　　（　　　　　）　　　　　　　　　　　　　　　　　　（　　　　　）
helmet and gloves.

❺ 価格が変更になったので、私たちはウェブサイトの製品情報を更新する必要があります。

<u>While</u> the prices have been changed, we need to update the product
（　　　　　）
information on <u>our</u> Web site.
　　　　　　　（　　　　　）

語注 ▶ **function** 動「作動する」／ **manufacturing factory**「製造工場」／ **update** 動「更新する」

| Let's try! | **本番形式の問題に挑戦してみましょう**

実際のTOEICテスト Part 5 に出題される形式の問題を解いてみましょう。
空欄に入る最も適切な語・語句を選んでください。

1. The construction of the new plant is scheduled to ------- by the end of January.

    (A) completion
    (B) completed
    (C) be completed
    (D) completely 　　　　　　　　　　　　　Ⓐ Ⓑ Ⓒ Ⓓ

2. Oil prices have increased ------- over the past few years.

    (A) signify
    (B) significant
    (C) significantly
    (D) significance 　　　　　　　　　　　　Ⓐ Ⓑ Ⓒ Ⓓ

3. ------- the sales department does not have enough staff, the management has decided not to hire additional workers.

    (A) Due to
    (B) Even though
    (C) Once
    (D) Despite 　　　　　　　　　　　　　　Ⓐ Ⓑ Ⓒ Ⓓ

4. One of the documents ------- some errors, and they need to be corrected immediately.

    (A) contain
    (B) are contained
    (C) containing
    (D) contains 　　　　　　　　　　　　　　Ⓐ Ⓑ Ⓒ Ⓓ

5. **All of the staff members ------- overtime for the last three weeks to meet the deadline for the project.**

    (A) will work

    (B) are working

    (C) work

    (D) have been working

6. **------- the fact that GS hybrid cars are more expensive, sales have been increasing recently.**

    (A) During

    (B) Since

    (C) While

    (D) Despite

7. **Foreign travelers are required to present ------- passport at the boarding gate.**

    (A) them

    (B) themselves

    (C) their

    (D) they

8. **The new novel by Sho Yamaguchi has received positive reviews not ------- from Japanese critics but also from the European media.**

    (A) neither

    (B) while

    (C) only

    (D) if

Day 12 店での会話

Part 3 Short Conversations「会話問題」　正解⇨141ページ

今日から Part 3「会話問題」を学習します。Part 3 では，様々な店での会話が出題されます。店員と客の会話は，役割がはっきりしているため，状況がわかれば話の流れを理解しやすい特徴があります。今日の学習では，様々な店での会話を学習しましょう。

Brush up 重要語句と頻出設問をチェックしよう　CD 30

重要語句　まず，知らない語句にチェックマークをつけよう。その後，すべての語句を書いてみよう。

- □□ **How may I help you?**　いらっしゃいませ。　_____
- □□ **available**　手に入る，利用できる　_____
- □□ **out of stock**　在庫が切れて　_____
- □□ **defective**　不良品の　_____
- □□ **out of order**　故障して　_____
- □□ **work properly**　正常に動く　_____
- □□ **exchange**　交換する　_____
- □□ **refund**　返金，返金する　_____
- □□ **delivery**　配達　_____
- □□ **photo identification**　写真付身分証明書　_____
- □□ **open an account**　口座を開く　_____
- □□ **advertisement**　広告　_____
- □□ **produce section**　青果コーナー　_____
- □□ **grocery store**　食料雑貨店，スーパーマーケット　_____
- □□ **appliance store**　家電製品店　_____

設問暗記　以下の質問文は，そのまま出題されます。暗記しておくことで，質問文を見ただけで内容がわかるようにしておきましょう。

Where is the conversation most likely taking place?
おそらくどこで会話が行われていますか。

Where does the man most likely work?　男性はおそらくどこで働いていますか。

What is the problem?　問題は何ですか。

What will the woman probably do?　女性はおそらく何をしますか。

Exercise 1 語句を聞き取ろう

🔊 ✏️ 英文を聞き取り空欄に書き入れましょう。

CD 31

▶店全般 (store)

❶ _____ _____ _____ help you?
いらっしゃいませ。

❷ I saw your _____ in the paper.
新聞で広告を見ました。

❸ You need to have a receipt to _____ _____ _____.
返金を受けるためには，レシートを持っている必要があります。

▶銀行 (bank)

❹ I'd like to _____ _____ _____.
口座を開きたいのですが。

▶家電製品店 (appliance store)

❺ I bought this scanner yesterday, but _____ _____ _____ properly.
昨日このスキャナーを買ったのですが，きちんと動きません。

▶書店・図書館 (bookstore / library)

❻ I'm sorry, but the newest book by Jay Hudson is currently _____ _____ _____.
すみません，ジェイ・ハドソンの最新作は現在在庫切れです。

▶郵便局 (post office)

❼ I'd like to _____ this package by _____ _____.
この小包を速達で送りたいのですが。

▶洋服店 (clothing shop)

❽ Could I _____ this jacket for a _____ size?
このジャケットを小さなサイズと交換していただけますか。

語注 ▶ **currently** 副「現在（は）」／ **package** 名「小包」

Day 12 店での会話

Exercise 2 聞いて答えよう

🔊 店での会話を聞いてそれぞれの設問に答えましょう。まず質問文を先に読み，設問タイプに○をつけましょう。

CD 32

❶ Where is this conversation most likely taking place?
【会話の場所／話題】

    (A) At a photo shop
    (B) At a bank

Ⓐ Ⓑ

CD 33

❷ Where are the speakers? 【会話の場所／話し手の職業】

    (A) At a travel agency
    (B) At a bookstore

Ⓐ Ⓑ

CD 34

❸ What is the problem? 【会話の場所／問題点】

    (A) The product cannot be replaced.
    (B) The product does not work right.

Ⓐ Ⓑ

CD 35

❹ Where does the woman most likely work?
【女性の勤務先／女性の行動】

    (A) At a clothing shop
    (B) At a grocery store

Ⓐ Ⓑ

語注 ▶ **travel agency**「旅行代理店」／ **replace** 動「交換する」

Let's try! テスト形式に慣れよう

実際のTOEICテスト Part 3に出題される形式で練習しましょう。1つの会話を聞き、3つの設問の答えとして最も適切なものを選んでください。

CD 36

1. Where is the conversation most likely taking place?
   (A) At a clothing shop
   (B) At a bookstore
   (C) At an appliance store
   (D) At a grocery store

   Ⓐ Ⓑ Ⓒ Ⓓ

2. What is the problem with the product?
   (A) It is not available.
   (B) It is out of order.
   (C) It is too expensive.
   (D) It is not new.

   Ⓐ Ⓑ Ⓒ Ⓓ

3. What will the woman probably do?
   (A) Order an item
   (B) Come back to the store later
   (C) Go to another store
   (D) Check the advertisement

   Ⓐ Ⓑ Ⓒ Ⓓ

Day 12 店での会話

Day 13 電話での会話

Part 3 Short Conversations「会話問題」　正解⇨142ページ

Part 3 では，電話での会話も頻出します。店員とのやり取りのほか，社内における電話などもあります。今日の学習では，電話での会話を題材に，注文関連や予約関連，依頼や提案などを聞き取りましょう。

Brush up 重要語句と頻出設問をチェックしよう　CD 37

重要語句　まず，知らない語句にチェックマークをつけよう。その後，すべての語句を書いてみよう。

- ☐☐ **repair**　修理する　✎ ＿＿＿＿＿＿＿
- ☐☐ **make an appointment**　予約する　✎ ＿＿＿＿＿＿＿
- ☐☐ **reschedule**　予定を変更する　✎ ＿＿＿＿＿＿＿
- ☐☐ **cancel**　キャンセルする　✎ ＿＿＿＿＿＿＿
- ☐☐ **order**　注文する　✎ ＿＿＿＿＿＿＿
- ☐☐ **postpone**　延期する　✎ ＿＿＿＿＿＿＿
- ☐☐ **set up**　設定する　✎ ＿＿＿＿＿＿＿
- ☐☐ **fill out a form**　用紙に記入する　✎ ＿＿＿＿＿＿＿
- ☐☐ **mobile phone**　携帯電話　✎ ＿＿＿＿＿＿＿
- ☐☐ **pick up**　取りに行く　✎ ＿＿＿＿＿＿＿
- ☐☐ **colleague**　同僚　✎ ＿＿＿＿＿＿＿
- ☐☐ **introduce**　導入する　✎ ＿＿＿＿＿＿＿
- ☐☐ **shipment**　発送　✎ ＿＿＿＿＿＿＿
- ☐☐ **be delayed**　遅れる　✎ ＿＿＿＿＿＿＿
- ☐☐ **photocopier**　コピー機　✎ ＿＿＿＿＿＿＿

設問暗記　以下の質問文は，そのまま出題されます。暗記しておくことで，質問文を見ただけで内容がわかるようにしておきましょう。

What are the speakers discussing / talking about?
話し手たちは何を話し合っていますか。

Why is the man calling?　なぜ男性は電話をしているのですか。

What does the man ask the woman to do?
男性は女性に何をするように依頼していますか。

What does the woman suggest the man do?
女性は男性に何をするように提案していますか。

Exercise 1 語句を聞き取ろう

英文を聞き取り空欄に書き入れましょう。

▶予約

1. I'd like to _____ _____ _____ with Dr. Brown.
ブラウン先生との予約を取りたいのですが。

▶依頼

2. Could you _____ _____ the form?
この用紙に記入していただけますか。

3. Please _____ _____ the book at the counter.
カウンターで本をお受け取りください。

▶提案

4. Why don't we _____ _____ _____ ?
会議を延期しませんか。

▶修理

5. A mechanic will _____ _____ _____ tomorrow morning.
明日の朝，整備士が機器を修理します。

▶変更

6. We need to _____ _____ _____ .
私たちは，イベントの予定を変更する必要があります。

▶キャンセル

7. I'd like to _____ _____ _____ .
発送をキャンセルしたいのですが。

▶設定

8. Please _____ _____ the computer.
コンピューターを設定してください。

語注 ▶ mechanic 名「整備士」

Exercise 2 聞いて答えよう

🔊 電話における会話を聞いて、それぞれの設問に答えましょう。まず質問文を先に読み、設問タイプに○をつけましょう。

CD 39 ❶ **What are the speakers discussing?** 【会話の場所／話題】

(A) Repairing a machine
(B) Ordering equipment

Ⓐ Ⓑ

CD 40 ❷ **Why is the man calling?** 【電話の目的／男性の職業】

(A) To change an appointment
(B) To cancel an appointment

Ⓐ Ⓑ

CD 41 ❸ **What does the woman ask the man to do?**
【女性の依頼／女性の職業】

(A) Visit a store
(B) Fill out the form

Ⓐ Ⓑ

CD 42 ❹ **What does the man suggest the woman do?**
【電話の目的／男性の提案】

(A) Read the manual on the system
(B) Ask her colleague about the system

Ⓐ Ⓑ

語注▶ **equipment** 名「機器」／ **manual** 名「取扱説明書」

Let's try! テスト形式に慣れよう

実際のTOEICテストPart 3に出題される形式で練習しましょう。1つの会話を聞き、3つの設問の答えとして最も適切なものを選んでください。

1. What are the speakers most likely talking about?

    (A) Postponing a meeting
    (B) Making a flight reservation
    (C) Meeting with some clients
    (D) Ordering a projector

    Ⓐ Ⓑ Ⓒ Ⓓ

2. What does the woman ask the man to do?

    (A) Go back to the office
    (B) Cancel the shipment
    (C) Make a photocopy
    (D) Set up some equipment

    Ⓐ Ⓑ Ⓒ Ⓓ

3. From what time will the sales department use the room?

    (A) 2:00 P.M.
    (B) 3:00 P.M.
    (C) 4:00 P.M.
    (D) 5:00 P.M.

    Ⓐ Ⓑ Ⓒ Ⓓ

Day 14 屋外や交通機関での会話

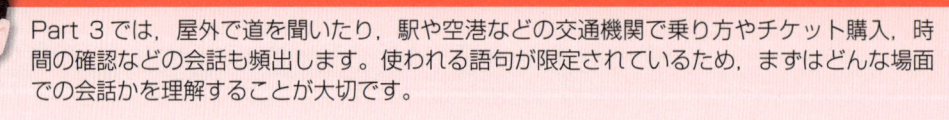

Part 3 Short Conversations「会話問題」　正解⇨144ページ

Part 3 では，屋外で道を聞いたり，駅や空港などの交通機関で乗り方やチケット購入，時間の確認などの会話も頻出します。使われる語句が限定されているため，まずはどんな場面での会話かを理解することが大切です。

Brush up 重要語句と頻出設問をチェックしよう　CD 44

重要語句　まず，知らない語句にチェックマークをつけよう。その後，すべての語句を書いてみよう。

- ☐☐ **directions to**　〜への道順
- ☐☐ **how to get to the museum**　美術館への行き方
- ☐☐ **miss the bus**　バスに乗り損なう
- ☐☐ **connecting flight**　接続便
- ☐☐ **delay**　遅れ，遅らせる
- ☐☐ **behind schedule**　予定より遅れて
- ☐☐ **extra charge**　追加料金
- ☐☐ **holiday rate**　休日料金
- ☐☐ **fare**　運賃
- ☐☐ **business hours**　営業時間
- ☐☐ **be still available**　まだ手に入る
- ☐☐ **leave**　出発する
- ☐☐ **take an express**　急行に乗る
- ☐☐ **update**　更新情報
- ☐☐ **be applied**　適用される

設問暗記　以下の質問文は，よく出題されます。暗記しておくことで，質問文を見ただけで内容がわかるようにしておきましょう。

Who most likely is the woman?　【人物の職業】　女性はおそらく誰ですか。

How long will the train be delayed?　【時間の長さ】　どのくらい電車は遅れますか。

What does the man ask for?　【質問内容】　男性は何を求めていますか。

Why does the woman need to pay an extra charge?　【理由】
なぜ女性は追加料金を払う必要があるのですか。

Exercise 1 語句を聞き取ろう

英文を聞き取り空欄に書き入れましょう。

CD 45

▶道順 (directions)

❶ Could you tell me _____ _____ _____ to the station?

駅への行き方を教えていただけますか。

▶遅れ (delay)

❷ The train _____ _____ _____ for about 30 minutes.

電車は 30 分くらい遅れています。

▶駅 (station)

❸ The train has _____ _____ the station.

電車はすでに出発しました。

❹ I'd like to _____ an _____ train.

急行列車に乗りたいのですが。

▶空港 (airport)

❺ I _____ _____ _____ .

飛行便（フライト）に乗り遅れました。

▶チケット (ticket)

❻ An _____ _____ will be added.

追加料金が適用されます。

❼ Are tickets _____ _____ ?

まだチケットはありますか。

▶更新情報 (updated information)

❽ Please check the board _____ _____ .

更新情報については，掲示板をご確認ください。

語注 ▶ board 名「掲示板」

Exercise 2 聞いて答えよう

🔊 屋外や交通機関での会話を聞いて、それぞれの設問に答えましょう。まず質問文を先に読み、設問タイプに○をつけましょう。

CD 46 ❶ **Who most likely is the man?**【男性の職業／話題】

　　(A) A station clerk
　　(B) An airline employee

　　　　　　　　　　　　　　　　　　　　　　Ⓐ Ⓑ

CD 47 ❷ **What does the man ask for?**【男性の質問／男性が行く場所】

　　(A) Directions to the museum
　　(B) The business hours of the museum

　　　　　　　　　　　　　　　　　　　　　　Ⓐ Ⓑ

CD 48 ❸ **How long will the train be delayed?**
【電車が来る時間／電車が遅れる時間】

　　(A) 10 minutes
　　(B) 60 minutes

　　　　　　　　　　　　　　　　　　　　　　Ⓐ Ⓑ

CD 49 ❹ **Why does the woman need to pay an extra charge?**
【追加料金を払う理由／支払が遅れている理由】

　　(A) Tickets are sold at a special rate.
　　(B) She does not have a membership card.

　　　　　　　　　　　　　　　　　　　　　　Ⓐ Ⓑ

語注 ▶ special rate「特別料金」

Let's try! テスト形式に慣れよう

実際のTOEICテストPart 3に出題される形式で練習しましょう。1つの会話を聞き、3つの設問の答えとして最も適切なものを選んでください。

1. Where most likely are the speakers?

    (A) At an airport
    (B) At a station
    (C) At a museum
    (D) At a movie theater

    Ⓐ Ⓑ Ⓒ Ⓓ

2. What is the problem?

    (A) She lost her ticket.
    (B) There is a delay in service.
    (C) She is late for an appointment.
    (D) There are some changes to the location.

    Ⓐ Ⓑ Ⓒ Ⓓ

3. What does the man suggest the woman do?

    (A) Go to another counter
    (B) Ask for help
    (C) Check updated information
    (D) Wait in the area

    Ⓐ Ⓑ Ⓒ Ⓓ

Day 15

Part 3 Short Conversations 「会話問題」　正解⇨145ページ

オフィスでの会話

オフィスでの会話は，話し手が同僚であることが多く，Day 12の店員と客の会話ほどわかりやすくありません。まずは，冒頭から話題を特定すると，話の展開を追いやすくなります。話題は，機械の故障や会議の内容などが頻出します。

Brush up 重要語句と頻出設問をチェックしよう　CD 51

重要語句　まず，知らない語句にチェックマークをつけよう。その後，すべての語句を書いてみよう。

- ☐☐ **leave the company**　会社を辞める　＿＿＿＿＿＿＿＿＿
- ☐☐ **run out of**　〜が不足する　＿＿＿＿＿＿＿＿＿
- ☐☐ **What did you think of/about 〜?**　〜をどう思いましたか？　＿＿＿＿＿＿＿＿＿
- ☐☐ **Something is wrong with 〜.**　〜の何かがおかしい。　＿＿＿＿＿＿＿＿＿
- ☐☐ **take over one's position**　〜の職を引き継ぐ　＿＿＿＿＿＿＿＿＿
- ☐☐ **attend**　出席する　＿＿＿＿＿＿＿＿＿
- ☐☐ **repair**　修理する　＿＿＿＿＿＿＿＿＿
- ☐☐ **upcoming**　今度の　＿＿＿＿＿＿＿＿＿
- ☐☐ **promotional campaign**　販売促進キャンペーン　＿＿＿＿＿＿＿＿＿
- ☐☐ **explain**　説明する　＿＿＿＿＿＿＿＿＿
- ☐☐ **detail(s)**　詳細　＿＿＿＿＿＿＿＿＿
- ☐☐ **remove**　取り除く　＿＿＿＿＿＿＿＿＿
- ☐☐ **revise**　修正する　＿＿＿＿＿＿＿＿＿
- ☐☐ **job requirements**　職務要件　＿＿＿＿＿＿＿＿＿
- ☐☐ **on my way (to) 〜**　〜に行く途中　＿＿＿＿＿＿＿＿＿

設問暗記　以下の質問文は，よく出題されます。暗記しておくことで，質問文を見ただけで内容がわかるようにしておきましょう。

What are the speakers discussing?　【話題】
話し手たちは何について話していますか。

What is wrong with the machine?　【問題】　機械の何が問題ですか。

What does the man offer to do?　【申し出】　男性は何をすると申し出ていますか。

When will the speakers meet?　【時】　話し手たちはいつ会いますか。

Exercise 1 語句を聞き取ろう

🔊 ✏️ 英文を聞き取り空欄に書き入れましょう。

▶ 問題 (problem)

❶ _____ _____ _____ with this computer.
このコンピューターの何かがおかしいです。

❷ This photocopier is _____ _____ _____ paper.
このコピー機は，紙がなくなりかけています。

▶ 感想 (feedback)

❸ _____ _____ _____ _____ about the content?
この内容についてどう思いますか。

▶ 退職 (retirement)

❹ Miguel plans to _____ _____ _____ next month.
ミゲルは来月に会社を辞めることを予定しています。

❺ I will _____ _____ Robert's position.
私が，ロバートの職を引き継ぐ予定です。

▶ 会議 (meeting)

❻ I cannot _____ _____ _____ tomorrow.
明日は会議に出席できません。

❼ We will _____ the _____ for the upcoming event.
私たちは，今度のイベントの計画について話し合います。

❽ Please _____ the _____ of the change.
変更の詳細について説明してください。

語注 ▶ content 名「内容」

Exercise 2 聞いて答えよう

🔊 オフィスでの会話を聞いて，それぞれの設問に答えましょう。まず質問文を先に読み，設問タイプに○をつけましょう。

CD 53 ❶ **What is wrong with the machine?** 【問題点／機械の特徴】

(A) It is broken.
(B) It is running out of paper.

Ⓐ Ⓑ

CD 54 ❷ **Where most likely is the contract file?**
【ファイルの場所／ファイルの内容】

(A) In the cabinet
(B) On the desk

Ⓐ Ⓑ

CD 55 ❸ **What will the man probably do later?**
【男性が遅れた理由／男性の行動】

(A) Check the data for errors
(B) Reduce the content partly

Ⓐ Ⓑ

CD 56 ❹ **What are the speakers discussing?** 【話題／予定】

(A) A job opening
(B) A retirement party

Ⓐ Ⓑ

語注▶ **run out of ~**「~がなくなりかけている」／ **contract** 名「契約（書）」／ **job opening**「仕事の空き」／ **retirement** 名「退職」

Let's try! テスト形式に慣れよう

実際のTOEICテストPart 3に出題される形式で練習しましょう。1つの会話を聞き、3つの設問の答えとして最も適切なものを選んでください。

CD 57

1. What are the speakers talking about?

    (A) A meeting
    (B) A new client
    (C) A sporting event
    (D) A computer problem

    Ⓐ Ⓑ Ⓒ Ⓓ

2. What does the man offer to do?

    (A) Reschedule the meeting with the woman
    (B) Change the document
    (C) Tell the woman about the meeting
    (D) Contact some clients

    Ⓐ Ⓑ Ⓒ Ⓓ

3. When will the speakers meet?

    (A) During the lunch break
    (B) At 2:00 P.M.
    (C) At 3:00 P.M.
    (D) At 4:00 P.M.

    Ⓐ Ⓑ Ⓒ Ⓓ

Day 16 留守番電話

Part 4 Short Talks「説明文問題」　正解⇨146ページ

留守番電話は，話の流れが追いやすい特徴があります。一般的な流れは，①名乗る，②目的を伝える，③詳細を述べる，④行動を促す，です。冒頭で話される目的をしっかりと聞き取り，電話の目的が理解できるとその後が聞き取りやすくなります。

Brush up 流れをつかもう　CD 58

☞ 留守番電話の基本的な流れを確認しておこう。

〈名　乗　る〉　Hi, Mr. Lopez. This is Robert Tully from HT Travel.

〈目　　　的〉　I'm calling to confirm your travel plans.

〈詳　　　細〉　We have reserved the hotel you have requested for two people.

〈行動依頼〉　If you have any questions, please contact me at 555-1221.

設問暗記　以下の質問文は，そのまま出題されます。暗記しておくことで，質問文を見ただけで内容がわかるようにしておきましょう。

▶目的を問う

What is the purpose of the call?

電話の目的は何ですか。

Why is Mr. Tully calling?

なぜタリー氏は電話をかけているのですか。

▶話し手（の職業）を問う

Who is calling?

誰が電話をかけていますか。

▶行動を問う

What is Mr. Lopez asked to do?

ロペス氏は何をするよう依頼されていますか。

語注▶ confirm 動「確認する」／ reserve 動「予約する」／ request 動「要請する」／ contact 動「連絡する」

日本語訳▶ こんにちは，HTトラベルのロバート・タリーです。お客様の旅行計画を確認するためにお電話しています。2人分のご要望でホテルを予約いたしました。ご質問がございましたら，555-1221の私あてにご連絡ください。

Exercise 1 語句を聞き取ろう

🔊 ✏️ 留守番電話に頻出する語句を聞き取り，空欄に書き入れましょう。

CD 59

▶名乗る

① Hi, Ms. Jones. _____ _____ Ronald Beck _____ from Rax Tower.
こんにちは，ジョーンズさん。こちらはラックスタワーのロナルド・ベックです。

▶目的を伝える

② I'm calling to _____ your _____ .
ご予約の確認をするためにお電話しています。

③ I'd like to _____ you that the meeting location has been finalized.
会議の場所が決定したことをお知らせしたいと思います。

④ I'd like to _____ an _____ with Dr. White.
ホワイト先生との予約を取りたいのですが。

▶詳細を述べる

⑤ We'll use the _____ _____ on the first floor.
私たちは1階の会議室を使います。

⑥ You can _____ _____ your order at the store counter.
ご注文の商品は，店のカウンターでお受け取りになれます。

▶行動を促す

⑦ If you have any questions, please _____ _____ _____ .
ご質問があれば，折り返しお電話をください。

⑧ If you wish to reserve a seat, please send us a _____ of your _____ .
お座席のご予約をご希望の場合は，パスポートのコピーをお送りください。

Day 16 留守番電話

語注▶ **location** 名「場所」／ **finalize** 動「決定する」／ **reserve** 動「予約する」

Exercise 2 聞いて答えよう

🔊 留守番電話を聞いて、それぞれの設問に答えましょう。まず質問文を先に読んでおきましょう。

CD 60

❶ Who is calling?

(A) A real estate agent
(B) A travel agent

Ⓐ Ⓑ

CD 61

❷ What is the purpose of the call?

(A) To reschedule a meeting
(B) To report sales results

Ⓐ Ⓑ

CD 62

❸ Why is Ms. Cheng calling?

(A) An order is ready to pick up.
(B) The store hours have been changed.

Ⓐ Ⓑ

CD 63

❹ What is Mr. Beck asked to do?

(A) Send a document
(B) Change plans

Ⓐ Ⓑ

語注 ▶ **real estate**「不動産代理店」／ **travel agent**「旅行代理店」

Let's try! テスト形式に慣れよう

実際のTOEICテストPart 4に出題される形式で練習しましょう。英文を聞き，3つの設問の答えとして最も適切なものを選んでください。

CD 64

1. What is the purpose of the call?

   (A) To ask for opinions
   (B) To give updated information
   (C) To offer a discount
   (D) To suggest a plan

   Ⓐ Ⓑ Ⓒ Ⓓ

2. Where will the meeting probably be held?

   (A) At a meeting space
   (B) At Ms. Rogers' office
   (C) At a conference room
   (D) At Mr. Beck's office

   Ⓐ Ⓑ Ⓒ Ⓓ

3. What is Ms. Rogers asked to do?

   (A) Bring a projector
   (B) Visit Mr. Beck's office
   (C) Set up the conference room
   (D) Talk to people in her department

   Ⓐ Ⓑ Ⓒ Ⓓ

Day 17 アナウンス

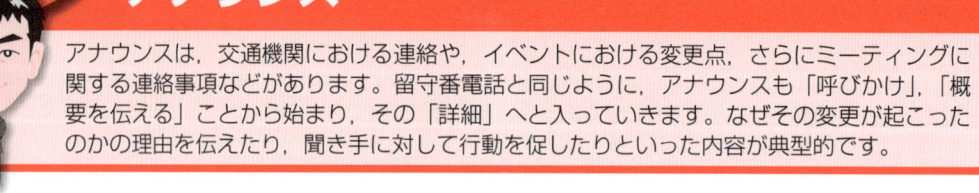

Part 4 Short Talks「説明文問題」　正解⇨147ページ

アナウンスは，交通機関における連絡や，イベントにおける変更点，さらにミーティングに関する連絡事項などがあります。留守番電話と同じように，アナウンスも「呼びかけ」，「概要を伝える」ことから始まり，その「詳細」へと入っていきます。なぜその変更が起こったのかの理由を伝えたり，聞き手に対して行動を促したりといった内容が典型的です。

Brush up 流れをつかもう　CD 65

👉 アナウンスの基本的な流れを確認しておこう。

〈呼びかけ〉	Attention passengers.
〈目的〉	The flight to Beijing will be delayed due to bad weather.
〈追加情報〉	The new departure time will be announced later.
〈行動依頼〉	If you have any questions, please talk to the staff at Gate 15. Thank you.

設問暗記 以下の質問文は，そのまま出題されます。暗記しておくことで，質問文を見ただけで内容がわかるようにしておきましょう。

▶目的・場所を問う

What is the purpose of the announcement?
アナウンスの目的は何ですか。

Where is this announcement (most likely) being made?
（おそらく）どこでこのアナウンスはされていますか。

▶詳細情報を問う

What are the listeners asked to do?
聞き手たちは何をするよう依頼されていますか。

Where will the concert take place?
どこでコンサートは行われますか。

語注▶ delay 動「遅らせる」名「遅れ」／ due to「～が原因で」

日本語訳▶ 乗客の皆様にお知らせいたします。北京行きの便は悪天候のため出発が遅れる見込みです。新しい出発時間は後ほどアナウンスされます。ご質問がございましたら，15番ゲートのスタッフにお尋ねください。ありがとうございます。

Exercise 1 　語句を聞き取ろう

🔊 ✏️ アナウンスに頻出する語句を聞き取り，空欄に書き入れましょう。

CD 66

▶お礼

❶ Thank you for _____ this sales seminar.
この販売セミナーにご出席いただきありがとうございます。

❷ _____ _____ _____ _____ at J-Mart today.
本日は，Jマートでのお買い物をありがとうございます。

▶呼びかけ

❸ Attention, _____ .
乗客の皆さま。

▶目的

❹ I'd like to announce _____ _____ in the program.
プログラムのいくつかの変更についてご案内いたします。

❺ The flight to Melbourne will be _____ _____ _____ mechanical problems.
メルボルン行きの便は，機械の問題のために欠航となります。

▶詳細

❻ The charity concert is _____ _____ August 10.
チャリティコンサートは，8月10日に予定されています。

❼ We _____ _____ any inconvenience this may cause.
これによりご不便をおかけして，申し訳ありません。

❽ Updated information is _____ in the lobby.
更新された情報は，ロビーに貼り出されています。

❾ Before we start, please _____ _____ to your group members.
始める前に，グループメンバーに自己紹介をしてください。

語注 ▶ mechanical problem「機械の問題」／ inconvenience 名「不便さ」

Day 17 アナウンス

Exercise 2 聞いて答えよう

🔊 アナウンスを聞いて，それぞれの設問に答えましょう。まず質問文を先に読んでおきましょう。

CD 67

❶ Where is this announcement most likely heard?

(A) At a museum

(B) At a shop

　　　　　　　　　　　　　　　　　　　　　　　　　Ⓐ Ⓑ

CD 68

❷ What is the purpose of the announcement?

(A) To report a delay

(B) To ask passengers to board the train

　　　　　　　　　　　　　　　　　　　　　　　　　Ⓐ Ⓑ

CD 69

❸ What will the listeners learn about?

(A) Book writing

(B) Public speaking

　　　　　　　　　　　　　　　　　　　　　　　　　Ⓐ Ⓑ

CD 70

❹ What are the listeners expected to do in the lobby?

(A) Check some changes in the program

(B) Buy some programs and posters

　　　　　　　　　　　　　　　　　　　　　　　　　Ⓐ Ⓑ

語注 ▶ board 動「乗車する」

Let's try! テスト形式に慣れよう

実際のTOEICテスト Part 4 に出題される形式で練習しましょう。英文を聞き、3つの設問の答えとして最も適切なものを選んでください。

CD 71

1. What is the purpose of the announcement?

    (A) To change a schedule
    (B) To prepare for the sales presentation
    (C) To inform that equipment will be repaired
    (D) To start a conference

    Ⓐ Ⓑ Ⓒ Ⓓ

2. When is the work scheduled to take place?

    (A) Monday
    (B) Tuesday
    (C) Thursday
    (D) Friday

    Ⓐ Ⓑ Ⓒ Ⓓ

3. What are the listeners asked to do?

    (A) Use another room for a meeting
    (B) Attend a meeting
    (C) Turn off the air conditioner
    (D) Fill out a form

    Ⓐ Ⓑ Ⓒ Ⓓ

Day 17 アナウンス

Day 18

Part 4 Short Talks「説明文問題」　正解⇨148ページ

ラジオ放送（広告／天気予報／交通情報／ニュース）

ラジオ放送には，情報を聞き取りやすい天気予報，交通情報，セールのお知らせなどの広告，さらに難易度が高めのニュースが出題されます。すべてにおいて，まずは「トピックを伝える」ことから始まり，その「詳細」へと入っていくことは変わりません。特定の日時や場所の天気，道路状況，割引率などの数字，影響の範囲などが多く出題されます。

Brush up　流れをつかもう　CD 72

👉 ラジオ放送（天気予報）の基本的な流れを確認しておこう。

〈番組紹介〉　　Good morning, this is the ten o'clock weather report.

〈天　　気〉　　It is clear now, but rain is likely to start falling this evening.

〈追加情報〉　　So if you go out, you should take an umbrella with you.

〈次の番組紹介〉　Now, back to the news.

設問暗記
以下の質問文は，そのまま出題されます。暗記しておくことで，質問文を見ただけで内容がわかるようにしておきましょう。

▶目的を問う

What is the **purpose** of the radio broadcast?

ラジオ放送の目的は何ですか。

▶広告主の業種を問う

What business is most likely **being advertised**?

おそらく何の会社が宣伝されていますか。

▶詳細情報を問う

How will the **weather** be like **this weekend**?

今週末の天気はどのようになりますか。

Why is the **West Bridge closed**?

なぜウエストブリッジは閉鎖されているのですか。

When will the **sale end**?

いつセールは終わりますか。

日本語訳▶ おはようございます。10時の天気予報です。現在は晴れていますが，今晩から雨が降り始めるでしょう。お出かけの際には傘を忘れずにお持ちください。では，再びニュースです。

Exercise 1　語句を聞き取ろう

ラジオ放送に頻出する語句を聞き取り，空欄に書き入れましょう。

CD 73

▶交通情報

❶ Now, the ten-o'clock _____ _____ .
10 時の交通情報です。

❷ First Avenue is currently _____ _____ traffic due to road construction.
一番街は，道路工事のために，現在通行止めとなっています。

▶天気予報

❸ I'm Jim White with the _____ _____ .
ジム・ホワイトが，天気予報をお伝えします。

❹ The _____ will continue to be below average for this time of year.
気温は今の時期，平均以下が続くでしょう。

▶ニュース

❺ Hello, _____ . I'm John Davidson with the latest news.
リスナーの皆さん。最新ニュースをお伝えするジョン・デービッドソンです。

❻ The _____ _____ between TW Motors and LEG have just started.
TW モーターズと LEG の間の合併交渉が始まりました。

▶広告

❼ The sale _____ _____ next Friday.
セールは来週の金曜日まで続きます。

❽ We'll give you _____ _____ 40 percent off the regular price.
通常価格より最大で 40％割引いたします。

語注 ▶ **below average**「平均（気温）以下」／ **regular price**「通常価格」

Exercise 2 聞いて答えよう

🔊 ラジオ放送を聞いて，それぞれの設問に答えましょう。まず質問文を先に読んでおきましょう。

CD 74 ▶天気予報

❶ How will the weather be like this weekend?
   (A) Rainy
   (B) Sunny

Ⓐ Ⓑ

CD 75 ▶交通情報

❷ Why is First Avenue closed?
   (A) Due to a severe storm
   (B) Because of repair work

Ⓐ Ⓑ

CD 76 ▶ニュース

❸ What is the topic of the news report?
   (A) A corporate merger
   (B) A new security system

Ⓐ Ⓑ

CD 77 ▶広告

❹ When will the sale end?
   (A) Monday
   (B) Sunday

Ⓐ Ⓑ

語注 ▶ corporate merger「企業の合併」

Let's try! テスト形式に慣れよう

実際の TOEIC テスト Part 4 に出題される形式で練習しましょう。英文を聞き、3 つの設問の答えとして最も適切なものを選んでください。

1. What business is most likely being advertised?

(A) A car rental shop
(B) A travel agency
(C) An airline company
(D) A resort hotel

Ⓐ Ⓑ Ⓒ Ⓓ

2. According to the advertisement, what is the largest discount?

(A) 30 percent
(B) 40 percent
(C) 50 percent
(D) 60 percent

Ⓐ Ⓑ Ⓒ Ⓓ

3. How can the listeners get more information?

(A) By checking a Web site
(B) By visiting an office
(C) By reading a brochure
(D) By listening to the radio

Ⓐ Ⓑ Ⓒ Ⓓ

Day 18　ラジオ放送（広告／天気予報／交通情報／ニュース）

Day 19

Part 4 Short Talks「説明文問題」　正解⇨149ページ

ツアー・トーク・スピーチ(美術館 / 工場 / オリエンテーション)

ツアー・トーク・スピーチは，美術館見学や工場見学のガイドの説明（ツアー），新入社員オリエンテーション，授賞式・送別会（スピーチ）などがあります。ツアー・トーク・スピーチでは，歓迎の言葉から始まり，今日のスケジュールを伝えることが基本的な流れです。授賞式や送別会では，主賓の紹介や，感謝のスピーチとなります。

Brush up 流れをつかもう　CD 79

☞ ツアーの基本的な流れを確認しておこう。

〈あいさつ〉　Hi, everyone. Welcome to the National Park Memorial Museum.

〈自己紹介〉　I'm Maria Gale, your guide today.

〈目　的〉　Let me introduce today's schedule.

〈詳　細〉　We will start by visiting the Oriental paintings gallery.

設問暗記　話し手を問う質問文と聞き手を問う質問文は，そのまま出題されます。暗記しておくことで，質問文を見ただけで内容がわかるようにしておきましょう。

▶話し手を問う

Who (most likely) is the speaker?

（おそらく）話し手は誰ですか。

▶聞き手を問う

Who is this talk intended for?

トークは誰を対象としていますか。

Who is the speaker talking to?

話し手は誰に向けて話していますか。

▶詳細情報を問う

How long does the tour last?

ツアーはどのくらい続きますか。

How long has Mr. Jackson worked for JES Travel?

ジャクソン氏はどのくらいJESトラベルで働いていますか。

日本語訳▶みなさん，こんにちは。国立公園記念博物館へようこそ。私はマリア・ゲイルです。本日ガイドを務めます。今日のスケジュールをお伝えします。東洋絵画展示室の訪問から開始します。

Exercise 1 語句を聞き取ろう

🔊 + ✏️ ツアー・トーク・スピーチに頻出する語句を聞き取り，空欄に書き入れましょう。

CD 80

▶ツアー

1 I'm Steve Rose, _____ _____ today.
私はスティーブ・ローズと申しまして，本日のガイドを務めます。

2 We will _____ the _____ .
美術館を見学します。

3 _____ _____ _____ of the tour, we will take a group photo.
ツアーの最後に，グループ写真を撮影します。

▶トーク

4 Let me _____ today's schedule.
今日のスケジュールをご紹介させてください。

5 _____ lunch, we will start the new employee orientation.
昼食の後，新入社員オリエンテーションを開始します。

6 _____ _____ _____ , I have a few announcements to make.
始める前に，いくつかのお知らせがあります。

▶スピーチ

7 Welcome to the _____ _____ .
授賞式へようこそ。

8 Please join me in _____ Dr. Nancy Wakamatsu.
ナンシー・ワカマツ博士をお迎えください。

語注 ▶ take a photo「写真を撮る」

Exercise 2 聞いて答えよう

🔊 ツアー・トーク・スピーチを聞いて，それぞれの設問に答えましょう。まず質問文を先に読んでおきましょう。

CD 81

❶ Who is the speaker?
(A) An artist
(B) A tour guide

Ⓐ Ⓑ

CD 82

❷ Where is this talk most likely being heard?
(A) At a factory
(B) At a gym

Ⓐ Ⓑ

CD 83

❸ Who is the talk intended for?
(A) New employees
(B) Corporate executives

Ⓐ Ⓑ

CD 84

❹ How long has Mr. Griffey been a manager?
(A) Three years
(B) Five years

Ⓐ Ⓑ

語注 ▶ executive 名「重役，取締役」

Let's try! テスト形式に慣れよう

実際のTOEICテストPart 4に出題される形式で練習しましょう。英文を聞き，3つの設問の答えとして最も適切なものを選んでください。

CD 85

1. **Who is the speaker?**
   - (A) A musician
   - (B) A restaurant staff worker
   - (C) A painter
   - (D) A tour guide

   Ⓐ Ⓑ Ⓒ Ⓓ

2. **How long is the lunch period?**
   - (A) 40 minutes
   - (B) 50 minutes
   - (C) 60 minutes
   - (D) 70 minutes

   Ⓐ Ⓑ Ⓒ Ⓓ

3. **What will the listeners do at the end?**
   - (A) Attend a dinner party
   - (B) Create some artwork
   - (C) Complete a questionnaire
   - (D) Buy some gifts

   Ⓐ Ⓑ Ⓒ Ⓓ

Day 20

正解⇒151ページ

Day12〜Day19の復習

今日の学習は，Day 12〜Day 19の復習（Part 3とPart 4）を行います。ここまでの学習が理解できたかどうか確認しましょう。まず質問文を先に読んで，問われている内容を理解してから会話や説明文を聞きましょう。

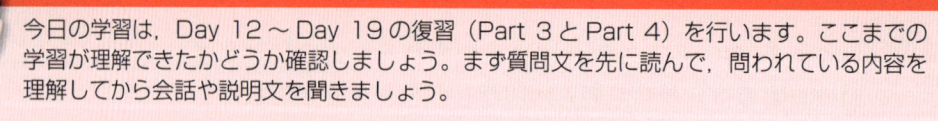

Review 1 Part 3

🔊 4つの会話を聞き，それぞれの設問の答えとして最も適切なものを選んでください。

CD 86

❶ Where does this conversation most likely take place?
- (A) At a dental clinic
- (B) At a restaurant
- (C) At a movie theater

Ⓐ Ⓑ Ⓒ

CD 87

❷ What is the problem?
- (A) The machine is working too slowly.
- (B) The document is missing.
- (C) There is not enough paper.

Ⓐ Ⓑ Ⓒ

CD 88

❸ Who is the man?
- (A) A hotel clerk
- (B) A mechanic
- (C) A doctor

Ⓐ Ⓑ Ⓒ

CD 89

❹ What time will the next meeting start?
- (A) At 2:00
- (B) At 2:30
- (C) At 3:00

Ⓐ Ⓑ Ⓒ

Let's try! 1 本番形式の問題に挑戦してみましょう

実際のTOEICテスト Part 3に出題される形式の問題を解いてみましょう。1つの会話を聞き、3つの設問の答えとして最も適切なものを選んでください。

CD 90

❶ What are the speakers discussing?

(A) A meeting agenda
(B) A job opening
(C) A budget proposal
(D) A building renovation

Ⓐ Ⓑ Ⓒ Ⓓ

❷ What does the man need to do?

(A) Submit a résumé
(B) Reschedule a meeting
(C) Help a manager
(D) Review a document

Ⓐ Ⓑ Ⓒ Ⓓ

❸ What does the woman suggest the man do?

(A) Talk to a co-worker
(B) Clean his desk
(C) Propose a plan
(D) Sign a contract

Ⓐ Ⓑ Ⓒ Ⓓ

Review 2 Part 4

🔊 アナウンスやメッセージを4つ聞き，それぞれの設問の答えとして最も適切なものを選んでください。

CD 91 ▶留守番電話

1 What is the purpose of the call?

(A) To inform a co-worker of a decision
(B) To reschedule a conference
(C) To request some information

Ⓐ Ⓑ Ⓒ

CD 92 ▶アナウンス

2 What time will Ms. Takahashi make her presentation?

(A) At 11:00 A.M.
(B) At 1:00 P.M.
(C) At 2:00 P.M.

Ⓐ Ⓑ Ⓒ

CD 93 ▶ラジオ放送

3 Why is the Coast Bridge closed to traffic?

(A) Because of renovations
(B) Because of bad road conditions
(C) Because of an accident

Ⓐ Ⓑ Ⓒ

CD 94 ▶トーク

4 Who is the intended audience?

(A) Company presidents
(B) Customers
(C) New employees

Ⓐ Ⓑ Ⓒ

語注 ▶ conditions 名「事情，情況」

Let's try! 2 本番形式の問題に挑戦してみましょう

🔊 実際のTOEICテストPart 4に出題される形式の問題を解いてみましょう。英文を聞き，3つの設問の答えとして最も適切なものを選んでください。

CD 95

❶ What is the purpose of the call?

(A) To remind about a schedule change
(B) To make a special offer
(C) To confirm an order
(D) To make an apology

Ⓐ Ⓑ Ⓒ Ⓓ

❷ What is Ms. Anderson asked to do?

(A) To order on the Internet
(B) To contact the man
(C) To visit the store
(D) To give contact information

Ⓐ Ⓑ Ⓒ Ⓓ

❸ What time does YBK Catering close on Saturday?

(A) 7:00 P.M.
(B) 8:00 P.M.
(C) 9:00 P.M.
(D) 10:00 P.M.

Ⓐ Ⓑ Ⓒ Ⓓ

Day 21 表・用紙

Part 7 Reading Comprehension「読解問題」　正解⇨153ページ

今日からPart 7「読解問題」の学習に入ります。表・用紙には，注文確認書や旅行日程表（旅程表）などがあります。これらは，読解というよりも情報の読み取りが求められます。

Brush up 語句を確認しよう

①〜⑤の語句は，表や用紙でよく出題されるジャンル（種類）です。語句の意味を，語群から選んで記号を [ ] に書いてください。

❶ customer satisfaction survey [　　]

❷ order confirmation [　　]　　❸ itinerary [　　]

❹ questionnaire [　　]　　❺ invoice [　　]

a. アンケート　b. 注文確認書　c. 旅行日程表（旅程表）　d. 顧客満足度調査　e. 請求書

Survey

	Good				Poor
Staff Service	5	4	③	2	1
Room Price	5	④	3	2	1
Facilities	5	4	3	②	1

Comments:

Order Confirmation

Item	Unit	Price
hat	2	$20
cup	4	$15

⑥〜⑮の語句は，表でよく使われる項目名です。日本語に対応するものを語群から選んで書き入れましょう。

❻ 商　品　_____　　❼ 個　数　_____

❽ 状　況　_____　　❾ 価　格　_____

❿ 配　送　_____　　⓫ 施　設　_____

⓬ 食　事　_____　　⓭ 日　付　_____

⓮ 詳　細　_____　　⓯ 目的地　_____

price / facility / details / date / meal / item / unit / status / delivery / destination

語注▶ confirmation 名「確認」／ survey 名「調査」

Exercise 1 語句を書き入れよう

日本語を参考に，適切な語句を（　）から選んで書き入れましょう。

① このEメールは，注文を確認するためのものです。

　This e-mail is to ＿＿＿＿＿＿＿＿ your order.
　　　　　　　　　(confirm / place)

② 顧客満足度調査にご記入ください。

　Please complete the customer satisfaction ＿＿＿＿＿＿＿＿ .
　　　　　　　　　　　　　　　　　　　　(delivery / survey)

③ リリー旅行代理店をお選びいただき，ありがとうございます。

　Thank you very much for ＿＿＿＿＿＿＿＿ Lily Travel Agency.
　　　　　　　　　　　　(pointing / choosing)

④ 最新のノート型コンピューターモデルは，現在在庫が切れています。

　The newest notebook computer is currently ＿＿＿＿＿＿＿＿ .
　　　　　　　　　　　　　　　　　　　　(out of stock / in stock)

⑤ 割引券をサービス担当者の1人にお渡しください。

　Please hand your ＿＿＿＿＿＿＿＿ to one of our service representatives.
　　　　　　　　　(meal / voucher)

⑥ 私は，滞在中サービスに満足しませんでした。

　I was not very ＿＿＿＿＿＿＿＿ with your service during my stay.
　　　　　　　　(crowded / satisfied)

⑦ 私たちは，すべてのお客様に無料の朝食を提供しています。

　We offer a ＿＿＿＿＿＿＿＿＿＿＿＿＿＿ breakfast to every guest.
　　　　　　(upcoming / complimentary)

⑧ 旅程表は，この手紙に同封されています。

　An ＿＿＿＿＿＿＿＿ is enclosed with this letter.
　　(itinerary / invoice)

語注 ▶ hand 動「手渡す」／ be enclosed with 〜「〜に同封されている」

Exercise 2 情報を探し，質問に答えよう

①～⑥の質問に目を通し，答えとなる情報を探して，英語で書いてみましょう。

Order Confirmation

Thank you very much for ordering the following items.

Item	Unit	Status
Glass-top Table (#190018)	1	In Stock
White Sofa (#530091)	1	Out of Stock
Off-White Carpet (#711230)	1	In Stock

Order Date: April 3

Payment: Credit Card

Delivery Date: April 20

Items currently in stock will be shipped according to the schedule, but ones out of stock will be delivered separately.

Thank you for shopping with Kurtz Furniture.

❶ 何の店ですか。　　　　　　　　　　　_____ store

❷ 在庫切れの商品は何ですか。　　　　　_____

❸ 在庫がある商品はいつ発送されますか。_____

Customer Satisfaction Survey

Dear Guest,

We hope you enjoyed your stay at HK Hotel. To better serve our customers, we would like you to take a few minutes to complete this customer satisfaction survey.

Purpose of your visit: (business) / vacation / other

	satisfied				not satisfied
Staff Service	⑤	4	3	2	1
Room Price	5	4	③	2	1
Meals	5	4	③	2	1
Facilities	5	4	3	②	1

Comments: I had a wonderful stay, but I think there are a few things that should be improved. I had dinner with my colleagues at the first-floor restaurant last night, but it was crowded and it took about an hour before our meals were served. Also, the gym was too crowded, so we weren't able to use it at all.

❹ 客のホテル滞在の目的は？　　　　　　_____

❺ 客が満足した項目は？　　　　　　　　_____

❻ 客はどの施設を使いましたか。　　　　_____

語注 ▶ **separately** 副「個別に」／ **better** 副「よりよく」／ **improve** 動「改善する」

Let's try! テスト形式に慣れよう

TOEIC テスト Part 7 に出題される形式で練習しましょう。次の旅程表に関する、3つの設問の答えとして最も適切なものを選んでください。

Itinerary
May 10

Dear Mr. Nishikawa,

Thank you very much for choosing Sunrise Travel. The following is the itinerary for your family trip from June 20 to June 25.

Date	Details
June 20	Flight 301 to Chicago 10:00 A.M. - 1:00 P.M. (local time)
June 21-24	Mercury Hotel
Options	Free Pickup Service Complimentary Breakfast Rental Car
June 25	Flight 550 to New York 2:30 P.M. - 6:00 P.M. (local time)
Price	$750.00

Adult: 2 / Child: 1

A rental car is available throughout your stay. Please hand your voucher to the staff at the front desk of the Mercury Hotel upon your arrival.

Please note that payment must be made by May 20. If you have any questions about your itinerary, please contact us at 555-2330 or at info@sunrisetravel.com.

---

1. What is the destination of Mr. Nishikawa's trip?

    (A) New York　　(B) Los Angeles
    (C) Chicago　　(D) Seattle

2. What is NOT mentioned about options?

    (A) Using a pickup service　　(B) Renting a car
    (C) Using the airport lounge　　(D) Eating a meal for free

3. By when must Mr. Nishikawa make the payment?

    (A) May 10　　(B) May 20
    (C) June 21　　(D) June 25

Day 22

Part 7 Reading Comprehension「読解問題」　正解⇨154ページ

手紙・Eメール

手紙・Eメールは，話の流れが理解しやすい特徴があります。一般的な流れは，① 目的を伝える，② 詳細を述べる，③ 追加情報，です。冒頭から目的を読み取ることで，概要をつかむことができます。

Brush up　流れをつかもう

👉 手紙・Eメールの流れは，**冒頭で目的や概要を伝え，その後詳細へと入っていきます**。文書レベルで見ると，初めの段落では目的や概要が伝えられ，徐々に詳細情報へと入っていきます。最後の段落は，質問がある場合や注意事項であることが多くあります。

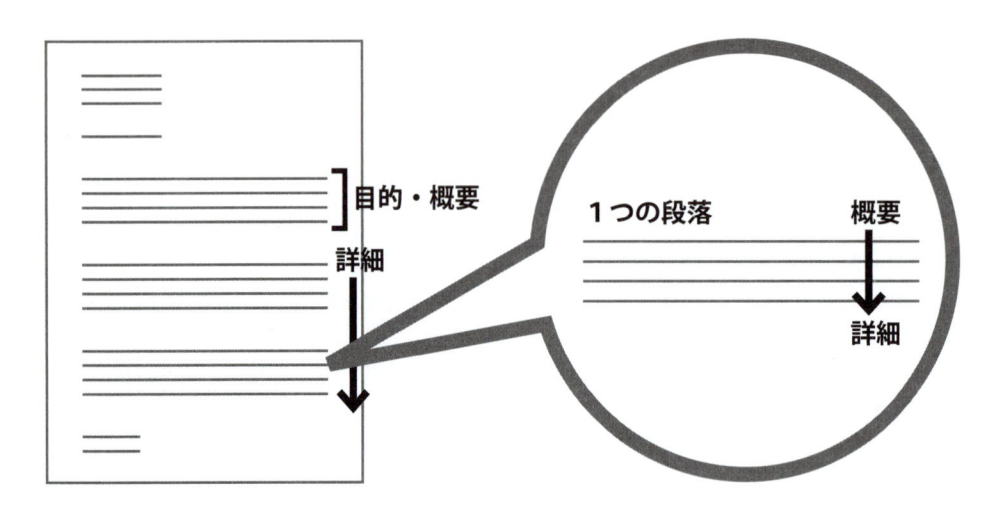

いくつかの段落に分かれている場合，**１つの段落には１つの内容が書かれている**ととらえましょう。１つの段落の構成も，**最初の文でその段落の概要が示され，続く文からその段落の詳細情報が提示されます**。文書レベルでも段落レベルでも，「目的・概要→詳細」という流れで構成されています。

▶目的を伝える

I am writing to confirm ...　「…を確認するために書いています」
I am writing in response to ...　「…への返事として書いています」
This is to confirm ...　「これは…を確認するためのものです」

▶行動を促す

If you have any questions, please do not hesitate to contact us.
「質問があれば，遠慮なく私たちに連絡してください」

Exercise 1 並べ替えよう

✏️ 手紙・Eメールの流れの順に，1〜3の番号を入れてください。また，重要語句の意味として正しいものを[　]の中から選んで○をつけてください。

Day 22 手紙・Eメール

❶ [　]＜詳細＞ The item you have ordered is in stock, and will be shipped within three days.

[　]＜目的＞ I am writing to confirm your order.

[　]＜追加＞ If you have any questions, please contact us at 555-0012.

重要語句
in stock	在庫が [ある／ない]	ship	[注文／発送] する
confirm	[キャンセル／確認] する	contact	[連絡／行動] する

❷ [　] Enclosed is a travel itinerary.

[　] If you need to change or cancel this reservation, call us at 1-800-555-9999.

[　] We are pleased to confirm your reservation with Mirabelle Maxima Resort.

重要語句
enclose	[閉鎖／同封] する	itinerary	[注文書／旅程表]
reservation	[予約／場所]		

❸ [　] I bought a vase from your online store last week.

[　] Therefore, I would like to get a full refund.

[　] It arrived this morning, but it is broken.

重要語句
vase	[花瓶／花束]	therefore	[だから／しかし]
get a full refund	[すべて交換／全額返金] してもらう		
arrive	[配達／到着] する	be broken	[足りない／壊れている]

Exercise 2 質問に答えよう

手紙やEメールの一部を読んで、設問に答えましょう。まず質問文を先に読んでおきましょう。

❶ What is the purpose of the information?

(A) To place an order

(B) To confirm an order   Ⓐ   Ⓑ

This e-mail is to confirm your order placed on October 10 (Confirmation Number 991201).

The DB all-in-one printer is currently out of stock, but will be ready to be shipped in two weeks. If you have any questions, do not hesitate to contact us.

❷ What is Ms. Anderson asked to do?

(A) To return a form

(B) To invite some colleagues   Ⓐ   Ⓑ

Dear Ms. Anderson,

You are cordially invited to celebrate forty years of growth and success at the JC Institute. The reception starts at 2:00 P.M. on Monday, August 10 at the Fairbanks Hotel in New York. Formal attire is requested. Please fill out the enclosed form, and return it to the Personnel Department no later than Thursday, June 1.

❸ Why does Mr. Sanders write the e-mail?

(A) To order a suitcase

(B) To complain about an item   Ⓐ   Ⓑ

Dear Customer Service,

Today I received the suitcase I ordered from your Web site. However, it has scratches all over it, and the lock has been badly damaged. I was really disappointed and frustrated because I'm going on a trip in two days. I went to the nearest store and bought another one. So please give me a full refund including the shipping fee for returning the defective item.

Sincerely,

Paul Sanders

語注 ▶ **all-in-one** 形「一体型の」／ **cordially** 副「心を込めて」／ **celebrate** 動「祝う」／ **formal attire**「正装」／ **return** 動「返送する」／ **scratch** 名「ひっかき傷」／ **disappointed** 形「失望して」／ **frustrate** 動「いらいらさせる」／ **shipping fee**「送料」

Let's try! テスト形式に慣れよう

TOEIC テスト Part 7 に出題される形式で練習しましょう。次の E メールに関する，3 つの設問の答えとして最も適切なものを選んでください。

Day 22 手紙・E メール

FROM: lheath@jetin.com
TO: mrose@enfact.com
SUBJECT: Application

Dear Ms. Rose:

I saw your advertisement for a sales manager in the *Daily News*, and I would like to apply for this position.

I have been a sales manager for an international food distribution company for the last six years. I also worked in Japan for five years, and I believe my background in Japan will help your company expand your business. Please take a look at the attached résumé.

I look forward to hearing from you at your earliest convenience.

Sincerely,
Lisa Heath

---

1. What is the purpose of the e-mail?

(A) To offer a position
(B) To submit an application form
(C) To apply for a job
(D) To report sales results   Ⓐ Ⓑ Ⓒ Ⓓ

2. How long has Ms. Heath been in her current position?

(A) For three years
(B) For four years
(C) For five years
(D) For six years   Ⓐ Ⓑ Ⓒ Ⓓ

3. What does Ms. Heath send with the e-mail?

(A) A list of open positions
(B) Her business plan
(C) A Japanese language certificate
(D) Her professional background information   Ⓐ Ⓑ Ⓒ Ⓓ

103

Day 23 広告

Part 7 Reading Comprehension 「読解問題」　正解⇨155ページ

広告で最も読みやすいのが求人広告です。その他, 商品の宣伝をする広告も話の展開が決まっているため, まずは慣れることが重要です。

Brush up 流れをつかもう

求人広告は, 職種→仕事内容→資格・応募条件→応募方法という情報の流れがほぼ決まっており, そこで使われる語句も決まったものがあります。

RESEARCH CONSULTANTS ← 職種

Position: Market research with our research team ← 仕事内容
Requirements: ← 資格・応募条件
 - Bachelor's degree
 - At least 3 years of working experience

Compensation: Highly competitive
Call 317-1379 for more info, or send your résumé to: hiring@meddlers.com ← 応募方法

MEDDLERS Inc.
http://www.meddlers.com

▶職種

We are currently seeking a sales manager.
「私たちは現在販売部長を求めています」

▶仕事内容

Responsibilities include supervising sales staff and …
「仕事内容には販売スタッフの監督や…が含まれます」

Duties include frequent visits to clients and …
「仕事内容には顧客への頻繁な訪問や…が含まれます」

▶資格・応募条件

Qualified applicants must have at least three years of managerial experience and …
「資格のある応募者は, 最低3年間の管理職の経験や…がなくてはなりません」

The successful candidate will have a university degree in computer science and …
「成功する候補者（採用者）は, コンピューターサイエンスの学位と…が必要です」

▶応募方法

To apply, please submit your résumé to Jay Hudson.
「応募するには, ジェイ・ハドソンに履歴書をご提出ください」

If you are interested in the position, please visit our Web site at …
「この職に興味がある場合は, …の弊社のウェブサイトをご覧ください」

Exercise 1　情報を探し，質問に答えよう

①～⑦の質問を読み，答えとなる情報をそれぞれの広告の中から探して，書きましょう。（　）で指定がある場合は，その形に変えて書いてください。

Job Opening

Oriental Consulting is currently seeking someone to serve as a senior manager. This position requires frequent visits to other branches in the region.

Qualified applicants must have a minimum of five years of managerial experience. If you are interested in the position, please send your résumé to the personnel office.

---

❶ 募集されている職種は何ですか。　_____

❷ 仕事内容は何ですか。　_____

❸ 応募資格は何ですか。　_____

❹ 履歴書はどこに送りますか。　_____

New Shopping Mall to Open

Grand Princeton Mall in Springfield is scheduled to open on November 18. It accommodates more than 150 stores, including 20 restaurants and a state-of-the-art Princeton movie theater. The grand opening sale will be held on the opening day, lasting until the end of the year, December 31. You can buy brand-new items up to half off the regular prices.

Business hours are from 10:00 A.M. to 8:00 P.M., Monday through Friday, and from 9:00 A.M. to 10:00 P.M. Saturday and Sunday.

For more information, visit our Web site at www.grandprincetonmall.com.

---

❺ セールはいつ始まりますか。（日付）　_____

❻ 最大割引はどのくらいですか。（％）　_____

❼ 土曜日は何時に閉店しますか。　_____

語注 ▶ branch 名「支社」／ region 名「地域」／ accommodate 動「収容する」／ brand-new 形「真新しい」

Exercise 2 質問に答えよう

それぞれの広告の一部を読んで，設問に答えましょう。まず質問文を先に読んでおきましょう。

1 What kind of business is Carlson Online?

(A) An online music store   (B) A ticket seller   Ⓐ Ⓑ

Looking for a great performance? At Carlson Online, you can reserve tickets for great performances ranging from small orchestras to world-famous rock groups. We have a wide variety of search options, so you'll definitely find what you're looking for. Your ticket(s) will be mailed within three days of your payment.

---

2 What is NOT indicated in the advertisement?

(A) Delivery service   (B) Business hours   (C) Prices of the dishes

Ⓐ Ⓑ Ⓒ

Enjoy spending time in the Japanese-style restaurant, Zen!

* Traditional Japanese food   * Catering available
* Experienced staff   * Easy access from Claremont Station

Children & Vegetarian menus available
Hours: 10:00 A.M. - 8:00 P.M.   Monday - Friday
       11:00 A.M. - 9:00 P.M.   Saturday and Sunday
            Reservations can be made by phone at 555-8990 or
                   online at www.zenjapanese.com.

---

3 What happens during the month of October?

(A) An item is offered at a reduced price.

(B) A complimentary bag will be offered.   Ⓐ Ⓑ

THE JASTER BUSINESS BAGS ARE NOW AVAILABLE !

Is your bag multi-functional as it should be? Jaster offers the most functional business bags ever, now available at major stores in your area. They come in two colors － black and brown, and are offered at a lower price for a limited time! This offer is valid during the month of October. Go to your nearest store now!

語注▶ **performance** 名「演奏」／ **range from A to B**「AからBに及ぶ」／ **world-famous** 形「世界的に有名な」／ **option** 名「選択肢」／ **definitely** 副「きっと」／ **traditional** 形「伝統的な」／ **vegetarian** 名「菜食主義者」／ **delivery** 名「配達」／ **multi-functional** 形「多機能の」／ **valid** 形「有効な」

Let's try! テスト形式に慣れよう

TOEIC テスト Part 7 に出題される形式で練習しましょう。次の求人広告に関する、3 つの設問の答えとして最も適切なものを選んでください。

Curbel Corp., one of Canada's leading software developers, is currently seeking an experienced marketing specialist to help expand our product line in Japan. Duties include occasional travel to Italy, Australia and Japan, while you will be based in Ontario, Canada.

Applicants must have a university degree in business administration or a related field, and at least three years of experience as a manager, as well as excellent communication skills. Fluency in Japanese is preferred, but not required.

To apply, send your résumé to Ken Chiba, personnel manager, at kchiba@curbelcorp.ca by December 21.

1. What kind of business is Curbel Corp.?

(A) A travel agency
(B) A research institute
(C) A consulting firm
(D) A software company

Ⓐ Ⓑ Ⓒ Ⓓ

2. Where will the successful candidate's office be located?

(A) Canada
(B) Italy
(C) Australia
(D) Japan

Ⓐ Ⓑ Ⓒ Ⓓ

3. What is NOT required for the position?

(A) A university degree
(B) Japanese speaking ability
(C) Managerial experience
(D) Communication skills

Ⓐ Ⓑ Ⓒ Ⓓ

Day 24

Part 7 Reading Comprehension「読解問題」　正解⇒156ページ

ダブルパッセージ（2つの文書）

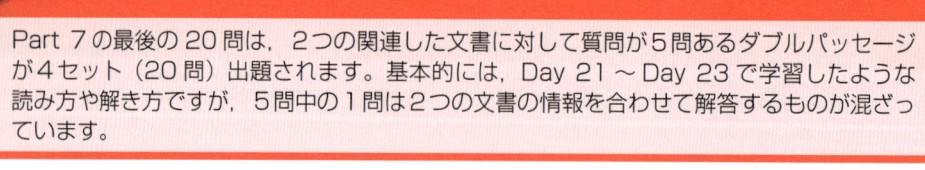

Part 7の最後の20問は，2つの関連した文書に対して質問が5問あるダブルパッセージが4セット（20問）出題されます。基本的には，Day 21～Day 23で学習したような読み方や解き方ですが，5問中の1問は2つの文書の情報を合わせて解答するものが混ざっています。

Brush up　ダブルパッセージを確認しよう

☞ ダブルパッセージの読み方を日本語で確認してみましょう。問1は1つの文書を読んで答えるもの。問2はダブルパッセージ特有の，2つの文書の情報を関連づけて答えるものです。

問1：回覧によると，何の会議が行われますか。　→回覧を見る
　　(A) 携帯電話の開発　　(B) オフィスの移転
　　(C) 学習コンテンツ　　(D) 契約の更新

問2：エガシラさんは，何時に会議に参加しますか。　→エガシラさんからのEメールを見る
　　(A) 2:00 P.M.　　　　(B) 2:30 P.M.
　　(C) 4:00 P.M.　　　　(D) 4:30 P.M.

回覧

1月22日の企画会議は，午後2時から4時まで，3階の304会議室で行います。議題は，前回の会議でお伝えしたとおり，来年冬に発売予定の携帯機器における学習コンテンツに関するものです。概要は別途お送りする資料でご確認ください。

問1の正解は(C)

Eメール

1月22日の会議の件でご連絡します。同日の午前中に顧客との契約に関する緊急の打ち合わせが入ってしまったため，企画会議の開始時間までに戻ることができません。そのため，30分ほど遅れて参加することになります。
エガシラ

開始時間がわからない

問2の解答手順
1．エガシラさんのEメールを確認。
2．30分ほど遅れて参加する→基準が不明
3．回覧を見ると，企画会議が「午後2時から4時まで」とある。
4．開始から30分遅れるため，午後2時30分に参加することになる。**問2の正解は(B)**。

Exercise 1 情報を探し，質問に答えよう

①〜⑤の質問を読み，答えとなる情報を探して，書きましょう。（　）で指定がある場合は，その形に変えて書いてください。

MEMO

To: Employees
From: Richard Beck, Sales Manager
Subject: Sales Training Workshop
Date: October 10

We will hold a sales training workshop next month. The workshop will be offered on two days, on November 10 and 17. I recommend that every employee attend one of them.

I would like to attend the second day of the workshop.
Nancy Lee

---

❶ **Richard Beck の肩書は？**　_____

❷ **Nancy Lee が参加を希望する日は？（日付）**　_____

Thank you for your inquiry regarding our products. The enclosed list shows the status of our stock.

The letter W indicates that the items are in stock, D indicates out of stock, and O indicates made to order.

Item List

Item	Status
Arm Chair	W
Lounge Sofa	W
Side Table	D
Entrance Carpet	O

当てはまるものをすべて書き出してください。

❸ **在庫がある商品**　_____

❹ **在庫がない商品**　_____

❺ **注文に応じて作る商品**　_____

語注 ▶ **training workshop**「研修会」／ **recommend** 動「推奨する」／ **inquiry** 名「問い合わせ，照会」／ **regarding** 前「〜に関して」／ **status** 名「状況」／ **indicate** 動「表す，示す」／ **make 〜 to order**「〜をオーダーメイドで作る」

Exercise 2 質問に答えよう

ダブルパッセージ問題を解いてみましょう。1問目はスケジュールについて，2問目は2つの文書の情報を合わせて解く問題です。まず質問文を先に読んでおきましょう。

1 What is the Annual TSE Conference about?

(A) Hotel management
(B) Technology 　　　　　　　　　Ⓐ　Ⓑ

2 Which is the largest room?

(A) Conference Room 1
(B) Conference Room 3 　　　　　Ⓐ　Ⓑ

Annual TSE Conference

8:30 A.M. — 9:00 A.M.	Registration	First Floor Lobby
9:00 A.M. — 10:00 A.M.	Keynote Speech (Anthony Yamazaki)	Conference Room 2
10:30 A.M. — 12:00 noon	New Technology Trends (William Bunting)	Conference Room 3
12:00 noon — 1:00 P.M.	Lunch	Cafeteria
1:00 P.M. — 3:00 P.M.	Effective Computer Systems (Patricia Hunter)	Conference Room 1

Dear Ms. Hunter,

It is our pleasure to have you as one of our speakers at the upcoming Annual TSE Conference on February 3. As outlined in the program, you are scheduled to give the final address. Since your session is expected to have the largest number of attendees, we have arranged to have it in the biggest room.

Ann Carrey

語注 ▶ **registration** 名「登録」／ **keynote speech**「基調講演」／ **trend** 名「傾向」／ **effective** 形「効果的な」／ **outline** 動「概要を説明する」／ **attendee** 名「出席者，参加者」

Let's try! テスト形式に慣れよう

実際の TOEIC テスト Part 7 に出題される形式で練習しましょう。次の求人広告と E メールに関する 3 つの設問の答えとして最も適切なものを選んでください。

Stars Telecom, a telecommunication company, is currently seeking a sales manager to work at our headquarters in Seattle. The responsibilities include supervising sales representatives, planning promotional campaigns, and attending regional management meetings. Qualified applicants must have at least three years of managerial experience, with some background in sales or marketing. Familiarity with our product Telecom Design Software is preferred. For those who are interested in the position, please submit your résumé and two references to Ronald Beck, the personnel director, at ronbeck@starstel.com by March 7.

Dear Mr. Beck,

I am writing in regard to your job advertisement in *Management Magazine* on February 27. I am very interested in the position. I started my career as a sales representative at a midsize company in Chicago, and for the past six years I have been in a managerial position in Vancouver, Canada. My knowledge about your product will help me contribute to your company.

I look forward to hearing from you.

Thomas O'Malley

1. **What position is being advertised?**
   (A) Personnel director
   (B) Sales manager
   (C) Chief designer
   (D) Marketing consultant

2. **What is NOT a responsibility of the advertised position?**
   (A) Attending meetings
   (B) Making plans
   (C) Supervising staff
   (D) Traveling abroad

3. **What is Mr. O'Malley familiar with?**
   (A) Telecommunication technology
   (B) Marketing research
   (C) Telecom Design Software
   (D) Hiring process

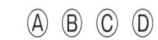

Day 25

正解⇨157ページ

Day 21 〜 Day 24 の復習

今日の学習は，Day 21 〜 Day 24 の復習（Part 7）を行います。ここまでの学習がしっかり理解できたかどうか確認しましょう。まずはよく使われる表現を学習します。本番形式の問題では，情報の流れを理解しながら読めるかどうかを確認しましょう。

Review 1 Part 7

（　）内の単語を日本語に合うように並べ替えて書き入れましょう。

❶ 私は，お客様からの弊社パンフレットの要望に対するお返事を書いています。

I am _____ **your request for our brochure.**
(in / to / response / writing)

❷ 私たちの製品に関するお問い合わせをありがとうございました。

Thank you for your _____.
(regarding / our / products / inquiry)

❸ ツインドル建設は，現在販売担当者を募集しています。

Twindle Construction is _____.
(sales / seeking / currently / representatives)

❹ 顧客満足度調査用紙にご記入ください。

Please _____.
(satisfaction / survey / complete / customer / the)

❺ アスキーホテルは，無料の朝食を提供しています。

Askie Hotel _____.
(complimentary / offers / breakfast)

❻ 特別オファーは，限定期間のみご利用になれます。

Special offers are available for _____ **time.**
(a / period / limited / of)

❼ 全額返金をしていただきたいのですが。

I would like _____.
(get / refund / to / a / full)

❽ 今週末までに，注文してください。

Please _____ _____.
(order / place / your)　　　(the / week / end / of / the / by)

語注 ▶ **regarding**「〜に関して」／ **representative** 名「担当者」／ **complimentary** 形「無料の」

112

Let's try! 1 本番形式の問題に挑戦してみましょう

実際のTOEICテスト Part 7 シングルパッセージに出題される形式の問題を解いてみましょう。告知を読み，3つの設問の答えとして最も適切なものを選んでください。

Dear local residents,

Springfield will hold its 14th Annual Friendship Festival at the Community Center on Saturday and Sunday, June 1 and 2, from 10:00 A.M. to 5:00 P.M.

It features international food from all over the world made by our residents, a wide variety of games for the kids, and much more! As always, we will have a lottery, in which the winners will be given various items, including a grand prize trip to Honolulu! This year, the well-known band the Boosters will finally come back home, and perform on the second day of the festival.

We are now seeking volunteers for this event. Even one-day participation is welcome. Why don't you join us and make this event more enjoyable? If you are interested, please contact Sarah Thompson, the community affairs manager, at sthompson@springfieldcom.net.

---

1. **What is being advertised?**

    (A) An upcoming festival

    (B) A scheduled sporting event

    (C) A newly opened community center

    (D) Winners of awards

    Ⓐ Ⓑ Ⓒ Ⓓ

2. **What is NOT offered at the event?**

    (A) A concert

    (B) International food

    (C) Handicrafts

    (D) A lottery

    Ⓐ Ⓑ Ⓒ Ⓓ

3. **What should people interested in being a volunteer do?**

    (A) Fill out an application form

    (B) Send an e-mail to the staff

    (C) Attend a meeting

    (D) Make a phone call

    Ⓐ Ⓑ Ⓒ Ⓓ

Let's try! 2 本番形式の問題に挑戦してみましょう

実際の TOEIC テスト Part 7 ダブルパッセージに出題される形式の問題を解いてみましょう。広告と E メールを読み，5 つの設問の答えとして最も適切なものを選んでください。

Simons Fitness Center

Need exercise to get in shape? Why not join now!

Choose one of the following membership plans that best works for you:

Plan A: Access any time during business hours ($100 per month)

Plan B: Access on weekdays from 6:00 A.M. to 10:00 P.M. ($70 per month)

Plan C: Access on weekdays from 5:00 P.M. to 10:00 P.M. ($50 per month)

Plan D: Access on weekends only from 6:00 A.M. to 10:00 P.M. ($30 per month)

* Personal training programs are available with our certified personal trainers.

- Easy access
- Reasonable prices
- State-of-the-art equipment
- Wide variety of exercise classes

Check out photos of our facilities and staff on our Web site at www.simonsfitness.com.

TO: customer@simonsfitness.com
FROM: apark@odas.net
RE: Fitness center

The fitness center has been very crowded recently, and I have had to wait for quite a while before using the machines. Since my plan allows me to work out only on weekends, I hope you can do something about this problem. Also, I have had trouble joining aerobics classes as well because of the capacity. Therefore, I would like you to increase the number of classes.

Ann Park

1. **According to the advertisement, what is available?**
   - (A) Online registration
   - (B) Personal training programs
   - (C) Discount for early hours
   - (D) One-day tickets

   Ⓐ Ⓑ Ⓒ Ⓓ

2. **What is NOT one of the benefits of the fitness center?**
   - (A) Low prices
   - (B) Small-sized classes
   - (C) New equipment
   - (D) A convenient location

   Ⓐ Ⓑ Ⓒ Ⓓ

3. **What can be found on Simons Fitness Center's Web site?**
   - (A) Users' comments
   - (B) Exercise tips
   - (C) Staff information
   - (D) Video messages

   Ⓐ Ⓑ Ⓒ Ⓓ

4. **What is the purpose of the e-mail?**
   - (A) To complain about a situation
   - (B) To make a reservation
   - (C) To renew her membership
   - (D) To introduce a friend to the fitness center

   Ⓐ Ⓑ Ⓒ Ⓓ

5. **Which membership plan was Ms. Park signed up for?**
   - (A) Plan A
   - (B) Plan B
   - (C) Plan C
   - (D) Plan D

   Ⓐ Ⓑ Ⓒ Ⓓ

Day 26 時制・代名詞・語い問題

Part 6 Text Completion「長文穴埋め問題」　正解⇨158ページ

今日から Part 6「長文穴埋め問題」を学習します。Day 8 で学習した時制や，Day 9 で学習した代名詞は，Part 6 でもよく問われます。Part 5 と異なり，複数の文の意味を関連づけて答える必要があるため，難易度が高めとなります。今日は文脈を理解する必要がある文法（時制・代名詞）問題と語い問題を学習します。

Brush up 文法（時制・代名詞）問題と語い問題を確認しよう

▶時制問題

過去の話か，未来の話か，現在の話かをしっかりと読み取りましょう。

❶ I will stay / stayed at the Richerman Hotel during my business trip to Jakarta. Although I will not be able to use my mobile phone, we should be able to contact each other by e-mail.

1つ目の文だけでは時制がわかりませんが，後ろの文の内容「携帯は使えないが，Eメールで連絡を取れる」と関連づけると，ジャカルタに行くのは未来のことだとわかります。よって，will stay だと判断します。

▶代名詞問題

何・誰についての内容かをしっかりと関連づけて読みましょう。

❷ I have asked Mr. Gullickson to be in charge of interviewing applicants. They / He will also organize the hiring team.

「ガリクソンさんに応募者の面接を担当することを頼んだ」という初めの文を理解したうえで，次の文を読みます。「また，採用チームも率いる」とあるため，ガリクソンさんの仕事であるとわかります。よって，He が適切です。なお，They だと applicants「応募者」のことを指すため意味が通じません。

▶語い問題

文脈を理解し，適切な意味になる語句を選びます。

❸ We have received all of the feedback forms that were filled out by the customers. We have two weeks to complete / analyze them.

「客が記入した意見書を受け取った」に続いて，その意見書をどうするかが問われています。すでに記入されているため，analyze「分析する」が適切です。

語注 ▶ interview 動「面接する」／ applicant 名「応募者」／ organize 動「まとめる，組織する」／ feedback 名「意見，感想」／ analyze 動「分析する」

日本語訳 ▶ ❶ 私はジャカルタへの出張の間，リッチャーマンホテルに滞在します。携帯電話は使えませんが，Eメールでの連絡は取れるはずです。
❷ 私は，ガリクソンさんに応募者の面接を担当するよう頼みました。彼はまた採用チームも率います。
❸ 私たちは，お客様によって記入された意見書をすべて受け取りました。それらを分析するのに2週間あります。

Exercise 1 文を完成しよう

✎ 下線部をヒントに，適切な語句を（　　）から選んで空欄に書き入れましょう。

▶時制問題

❶ I am writing to inform you of an upcoming workshop. It _____
(will be held / was held)
at the Ball Room on September 25.

❷ This is to inform you that the copy machine _____.
(will be repaired / has been repaired)
It is now back to normal and functioning properly.

▶代名詞問題

❸ Please have your passport and boarding pass ready. _____
(It / They)
should be presented to one of the boarding crew members.

❹ One of the contract files is missing from the filing cabinet. If you have _____, please let me know.
(them / it)

▶語い問題

❺ The sales results for this quarter have been rather _____.
(outstanding / disappointing)
To increase sales to the last quarter's level, we need to sell approximately two thousand dollars in products per day.

❻ We have to _____ the building renovation that was scheduled
(complete / postpone)
for this weekend. The new date will be announced later.

語注▶ **inform A of B**「AにBについて知らせる」／ **present**動「提示する」／ **miss**動「紛失する」／ **approximately**副「約，およそ」／ **renovation**名「改修，改装」

日本語訳▶
❶ 今度の研修についてお知らせするためにこの手紙を書いています。研修は9月25日にボールルームで開催されます。
❷ コピー機の修理が完了したことをお知らせします。コピー機は通常の状態に戻り，正常に作動しています。
❸ パスポートと搭乗券をご用意ください。それらは搭乗係員にお見せください。
❹ 契約書ファイルの1つがファイルキャビネットからなくなっています。もしそれをお持ちの方は，お知らせください。
❺ 今四半期の販売結果はやや期待はずれです。前四半期のレベルにまで販売を増やすためには，製品を1日約2000ドル売る必要があります。
❻ 今週末に予定されていた建物の改修を延期しなくてはなりません。新しい日程は後日発表されます。

Exercise 2 間違いをさがそう

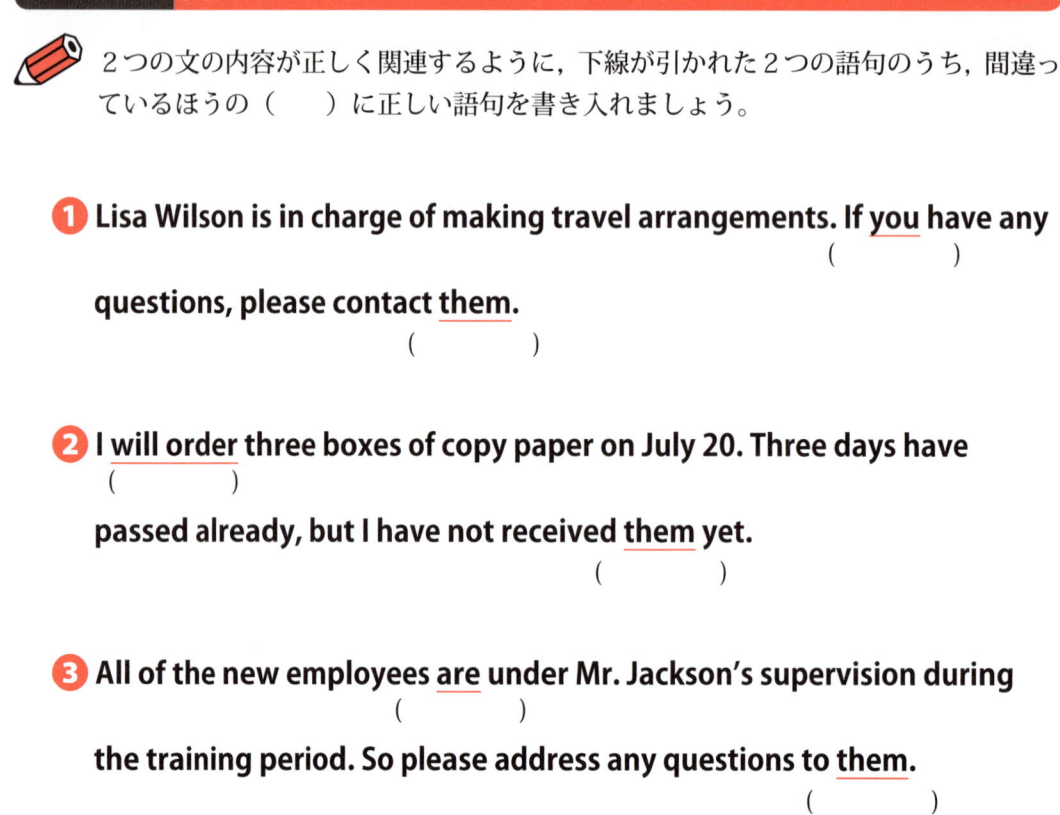

2つの文の内容が正しく関連するように，下線が引かれた2つの語句のうち，間違っているほうの（　）に正しい語句を書き入れましょう。

❶ Lisa Wilson is in charge of making travel arrangements. If <u>you</u> have any
（　　　　）
questions, please contact <u>them</u>.
（　　　　）

❷ I <u>will order</u> three boxes of copy paper on July 20. Three days have
（　　　　）
passed already, but I have not received <u>them</u> yet.
（　　　　）

❸ All of the new employees <u>are</u> under Mr. Jackson's supervision during
（　　　　）
the training period. So please address any questions to <u>them</u>.
（　　　　）

❹ We are having a factory inspection on Friday. For a few hours on that
day, <u>it</u> <u>was</u> temporarily closed.
（　　）（　　　　）

語注▶ **travel arrangement**「旅行［出張］の手配」／ **supervision** 名「監督」／ **training period**「研修期間」／ **address** 動「提出する，尋ねる」／ **factory inspection**「工場検査」／ **temporarily** 副「一時的に」

Let's try! テスト形式に慣れよう

実際のTOEICテスト Part 6 に出題される形式で練習しましょう。空欄に入る最も適切な語・語句を選んでください。

To: enorton@ttsi.com
From: customer@khrtravels.com
Date: January 10
Re: Inquiry

Dear Emily Norton,

I am writing in response to your inquiry regarding a morning flight for January 30.

Some window seats are still available. If you wish to reserve a window seat, please return the attached application form after completing it. We will reserve a seat as soon as we have received -------.

1. (A) you
   (B) them
   (C) it
   (D) us

Please note that we ------- your ticket to you within three days from the

2. (A) will send
   (B) have sent
   (C) sent
   (D) are sent

payment confirmation.

If you have any questions about a -------, please contact us either by

3. (A) visit
   (B) reservation
   (C) location
   (D) survey

e-mail or by telephone.
We look forward to serving you.

John Manning
Customer Center

Day 27 つなぎ言葉

Part 6 Text Completion 「長文穴埋め問題」　正解⇨159ページ

今日は，2つの文をつなぎ，話の展開を示す副詞を学習します。語句によって，「話を逆転させる（逆接）」，「理由を伝える」，「追加情報を伝える」，「例を出す」などの役割があります。話の標識となる語句のため，読解にも求められる知識です。

Brush up つなぎ言葉を確認しよう

▶ **話を逆転させる**　前の文の内容と後ろの文の内容が，「しかし」でつながれます。A. However, B. であれば，「A しかし B」というつながりです。

❶ It has been raining heavily since yesterday. However, there have been no reports of any train delays.

話を逆転させる語句：**However / Nevertheless / Nonetheless**「しかし」，**On the other hand**「その一方で」，**Even so**「そうは言っても」

▶ **結果を伝える**　前の文が理由となり，「そのため，だから」と後ろの文への橋渡しをします。A. Therefore, B であれば，「A，だから B」というつながりです。

❷ You will need to fill out some forms before the workshop. Therefore, we would like you to come to the conference room 15 minutes before the workshop begins.

結果を伝える語句：**Therefore / Thus**「それゆえ」，**As a result**「結果として」，**Consequently**「その結果」

▶ **情報の追加**　前の内容に，さらに情報を付け加える場合に使われます。A. In addition, B. であれば，「A，さらに B」というつながりです。

❸ In this special offer, you can register for membership now free of charge. In addition, you will receive a voucher for 20 percent off on a future purchase.

追加情報語句：**Also**「また」，**In addition / Additionally**「追加として，さらに」，**Furthermore**「さらに」，**Moreover**「さらに」

▶ **その他のつなぎ言葉**

代案：**Alternatively**「代わりに」　　例：**For example**「例えば」
順序：**First**「第一に」，**Then**「次に」，**Finally**「最後に」　　条件：**Otherwise**「さもなければ」

語注 ▶ **membership** 图「会員制，会員資格」／ **free of charge**「無料で」／ **voucher** 图「割引券，引換券」／ **purchase** 图「購入」

日本語訳 ▶ ❶ 昨日から豪雨が降り続いています。しかし，電車の遅れは1件も報告されていません。
❷ 研修の前に記入していただきたい用紙がいくつかあります。それゆえ，研修が始まる15分前に会議室にお越しください。
❸ この特別オファーでは，今なら無料で会員登録ができます。さらに，今後の買い物で使える20%割引券を受け取れます。

Exercise 1 文を完成しよう

下線部をヒントに，適切な語句を（　）から選んで空欄に書き入れましょう。

❶ Your order is almost ready for shipment.

　_____, we have not received your payment yet.

　(Therefore / However)

❷ We did not have enough time to prepare for the presentation.

　_____, the content was not as good as the clients would have

　(As a result / Nevertheless)

　liked.

❸ The main responsibility of the editors is acquiring articles for the company

　newsletter. _____, the job requires interviewing two company
　　　　　　　　　(Additionally / Therefore)

　employees every month.

❹ Our instructors have various backgrounds. _____, one of them
　　　　　　　　　　　　　　　　　　　　　　　　　(Alternatively / For example)

　used to teach at a high school, and another used to work as a sales

　representative.

❺ Please submit the evaluation form at the end of the workshop.

　_____, you can send it to us by mail later.

　(Nevertheless / Alternatively)

❻ Skyway Airlines launched a wide range of promotional campaigns last

　year. _____, sales increased significantly.
　　　　　(Consequently / Furthermore)

語注 ▶ **prepare** 動「準備する」／ **content** 名「内容，中身」／ **responsibility** 名「責任」／ **acquire** 動「獲得する」／ **article** 名「記事」／ **various** 形「さまざまな」／ **evaluation** 名「評価」

日本語訳 ▶ ❶ ご注文の品は発送の準備がほぼ整っています。しかし，まだお支払いを受け取っておりません。
　❷ 私たちはプレゼンテーションの準備をする十分な時間がありませんでした。結果として，内容もいいものではなく，顧客が気に入るほどよくはありませんでした。
　❸ 編集者の主な仕事内容は，社内報の記事を入手することです。さらに，その仕事は毎月 2 人の社員にインタビューすることが必要です。
　❹ 私たちのインストラクターは，様々な経歴を持っています。例えば，1 人はかつて高校で教えていましたし，別の人はかつて販売員として働いていました。
　❺ 研修の終わりに，評価用紙を提出してください。代わりに，後ほど郵送していただくこともできます。
　❻ スカイウェイ・エアラインズは，去年幅広い販売促進キャンペーンを開始しました。その結果，売上が大幅に伸びました。

Exercise 2 話の展開を理解しよう

✏️ 1つ目の文と適切につながる文を選んで空欄に書き入れましょう。

❶ Your proposal is well-written.

_____

(a) Additionally, we discussed next year's budget.

(b) However, there are a few errors in the past sales figures.

(c) Therefore, we will submit a proposal to you.

❷ The new movie *Get Away* has received positive reviews in several magazines.

_____

(a) As a result, theaters have been packed for the past three weeks.

(b) Consequently, it will be open to the public in two weeks.

(c) On the other hand, it has the best reputation.

❸ The sales results for this quarter were not as good as we had expected.

_____

(a) Alternatively, we expected to develop a new product.

(b) Furthermore, sales will increase next quarter.

(c) For example, sales of the Z800 printer have dropped 20 percent from the last quarter.

❹ You need to pass the written test on November 4.

_____

(a) Otherwise, you cannot get a certificate.

(b) Additionally, please take the written test.

(c) Even so, the result will be sent to you after that.

語注 ▶ **positive** 形「肯定的な，プラスの」／ **review** 名「批評」／ **be packed**「超満員になる」／ **reputation** 名「名声，評判」
／ **even so**「そうだとしても」

Let's try! テスト形式に慣れよう

実際の TOEIC テスト Part 6 に出題される形式で練習しましょう。空欄に入る最も適切な語・語句を選んでください。

Hi Jack,

I have reviewed your presentation, and I would like to point out three things.

First, you've put too much information on one slide. It's hard for the customers to take in a lot of information. -------, you should just focus on

1. (A) Even so
   (B) Therefore
   (C) Moreover
   (D) Neither

a few main points.

Second, it seems to me that your presentation is a little long. I know your explanations are easy to follow. -------, it will be difficult to keep the

2. (A) Additionally
   (B) As a result
   (C) Alternatively
   (D) However

customers' attention throughout the presentation. As a result, they might start to get bored.

-------, while you should keep your points simple and clear, you might

3. (A) Finally
   (B) Otherwise
   (C) Consequently
   (D) For example

want to include more data. For example, more graphs about customer satisfaction will show the reliability of our products.

Jessica

Day 28

正解⇒159ページ

Day 26 〜 Day 27 の復習

今日の学習は，Day 26 〜 Day 27 の復習（Part 6）を行います。ここまでの学習がしっかり理解できたかどうか確認しましょう。文脈の理解が求められる問題を中心に，読解力をチェックします。この読解力は Part 7 にも応用できます。

Review 1　Part 6

❶ 話の転換を示すつなぎ語について，日本語に合うように語群から選んで［　　］に書き入れましょう。なお，該当しないものもあります。

逆接（しかし，ところが）
［　　　　　　　　］［　　　　　　　　　　］［　　　　　　　　　　　］

結果（そのため，結果として）
［　　　　　　　　］［　　　　　　　　　　］［　　　　　　　　　　　］

情報追加（追加として，さらに）
［　　　　　　　　］［　　　　　　　　　　］［　　　　　　　　　　　］

語群

in addition / on the other hand / however / therefore / moreover / as a result / additionally / nevertheless / consequently / alternatively / for example

❷ 次の文章を読み，下線が引かれた代名詞が指す語句を［　　］に書き入れましょう。

a. Program changes have been put on the bulletin board in the lobby. If you need to confirm today's schedule, please check <u>it</u> for updated information.
　　［　　　　　　　　　　　　　　　］

b. We have received a letter of complaint about our services. <u>It</u> mentions that the customer waited a long time before our waiter served him.
　　［　　　　　　　　　　　　　　　］

c. We have enclosed a contract and an employee identification form. Please be sure to complete and bring <u>them</u> to the orientation on February 22.
　　［　　　　　　　　　　　　　　　　　　　　　　　　　　　　　　］

語注▶ **bulletin board**「掲示板」／ **confirm** 動「確認する」／ **complaint** 名「苦情」／ **mention** 動「述べる」／ **enclose** 動「同封する」

Review 2 Part 6

下線が引かれた2つの語句のうち，間違っているほうの（　）に正しい語句を書き入れましょう。

1 I <u>stayed</u> at the New Orient Hotel for the Annual Medical Conference held
   (　　　　　　　　)
on April 8 through 10. If any urgent matters <u>come</u> up, please call me on
                                             (　　　　　　　　　)
my mobile phone immediately.

2 The employee badge <u>will be given</u> to new employees on the first day of
                        (　　　　　　　　)
work. Please put <u>them</u> on your shirt pocket so that everyone can see.
                 (　　　　　)

3 Many subscribers to *World Entertainment Weekly* have complained
about the quality of <u>its</u> content. <u>However</u>, the subscription rates have
                     (　　　)   (　　　　　　　)
dropped significantly over the past year.

4 The annual customer satisfaction survey <u>will be conducted</u> during
                                              (　　　　　　　　　　)
August, which is usually the busiest month of the year. The results show
that customers are satisfied with our services in general. <u>However</u>,
                                                           (　　　　　　　)
there is room for improvement in the usability of our Web site.

語注▶ **annual** 形「年1回の」／ **urgent** 形「緊急の」／ **badge** 名「バッジ」／ **subscriber** 名「購読者」／ **content** 名「中身」／ **subscription** 名「定期購読（料）」／ **in general**「全体的に」／ **usability** 名「使いやすさ」

日本語訳▶ ❶ 4月8日から10日に開催される年次医療会議のためにニューオリエントホテルに滞在します。もし緊急の要件が出てきたら，すぐに私の携帯電話に電話してください。
❷ 仕事の初日に，社員バッジが新入社員に渡されます。全員に見えるようにシャツのポケットにつけてください。
❸ 多くの『ワールド・エンタテイメント・ウィークリー』の購読者が，内容の質について苦情を伝えています。結果として，過去1年間で購読率が大幅に落ちました。
❹ 毎年行っている顧客満足度調査が，通常1年で最も忙しい月である8月に行われました。その結果は，顧客はおおむね私たちのサービスには満足していることを示しています。しかし，ウェブサイトの使いやすさについては，改善の余地があります。

Let's try! 1 本番形式の問題に挑戦してみましょう

実際のTOEICテストPart 6に出題される形式の問題を解いてみましょう。空欄に入る最も適切な語・語句を選んでください。

Notice

To: Library users

This is to inform you that the new computer systems ------- on March 4.

    1. (A) was installed
        (B) install
        (C) will be installed
        (D) installing   Ⓐ Ⓑ Ⓒ Ⓓ

We plan to increase the number of reference computers in order to reduce your waiting time. Also, along with the installation, we will bring in more sofas to make the library more comfortable. A detailed plan has been put on the bulletin board near the counter. Please look at -------

    2. (A) it
        (B) them
        (C) us
    Ⓐ Ⓑ Ⓒ Ⓓ   (D) him

for more information. The installation is expected to take three days. -------, the library will be closed on March 3, 4, and 5. We apologize for

3. (A) In addition
    (B) However
    (C) Therefore
    (D) Otherwise   Ⓐ Ⓑ Ⓒ Ⓓ

any inconvenience this may cause, and appreciate your cooperation.

Let's try! 2 本番形式の問題に挑戦してみましょう

実際の TOEIC テスト Part 6 に出題される形式の問題を解いてみましょう。空欄に入る最も適切な語・語句を選んでください。

Dear Philip Braggs,

Thank you very much for your ------- in Magic Web Design Ltd. Enclosed

1. (A) interesting
   (B) interest
   (C) interested
   (D) interestingly   Ⓐ Ⓑ Ⓒ Ⓓ

please find our company brochure.

Your Web site is the most important gateway to invite potential customers to your store. ------- can also serve as an effective way to stay

2. (A) They
   (B) It
   (C) We
   (D) He   Ⓐ Ⓑ Ⓒ Ⓓ

in contact with existing customers.

Prior customers' comments ------- sample designs are available on our

3. (A) but
   (B) so
   (C) and
   (D) both   Ⓐ Ⓑ Ⓒ Ⓓ

Web site at www.magicwd.net. We offer a free estimate based on your design needs. If you are interested in having us create a Web site for you, please contact us at estimate@magicwd.net.

解答と解説

Day 1 人物の動作と状態

Brush up

正解：❶ hold a book「本を持つ」／❷ pass out some paper「紙を配る」／❸ go up the stairs「階段を上る」／❹ clean the table「テーブルを掃除する」／❺ board the train「電車に乗る」／❻ play a musical instrument「楽器を演奏する」

語注▶ pass out「配る」／ stairs 图「階段」

Exercise 1

正解：❶ having ❷ facing ❸ watering, plants ❹ leaning against ❺ standing behind ❻ making, photocopy

語注▶ water 動「水をやる」／ lean 動「寄りかかる」

Exercise 2

❶ 正解：[○] (B) 解説：すでに「身に着けている」状態は wear を使う。put on は「身に着ける」動作のこと。wear glasses「メガネをかけている」や wear a jacket「ジャケットを着ている」などが頻出。
訳：(A) 男性は帽子をかぶろうとしています。／(B) 男性は帽子をかぶっています。

❷ 正解：[○] (A) 解説：電話で会話をしているため、having a conversation on the phone が正解。hang up the phone は「電話を切る」。
訳：(A) 女性が電話で話しています。／(B) 女性が電話を切ろうとしています。

❸ 正解：[○] (A) 解説：並んで待っているため、(A) が正解。in line「一列になって」も覚えておこう。
訳：(A) 人々が一列に並んで待っています。／(B) 人々が階段を上っています。

Exercise 3

正解：❶ (A) eating ／ (B) meal ／ (C) both sides ／ (D) across from

訳：(A) 人々がレストランで食事をしています。／(B) 人々が食事をとっています。／(C) 人々がテーブルの両側に座っています。／(D) 人々が互いに向かい合って座っています。

正解：❷ (A) wearing ／ (B) holding ／ (C) tool ／ (D) sweeping

訳：(A) 男性は帽子をかぶっています。／(B) 男性はほうきを持っています。／(C) 男性は道具を使っています。／(D) 男性は地面を掃いています。

語注▶ across from one another「お互いに向かい合って」／ sweep「(地面を) 掃く」

Let's try!

1. 正解：(B) 解説：動作や身に着けているものに注目。ハンマーを tool「道具」と表現している (B) が正解。(A) の putting on は身に着けようとする動作であるため不可。すでに身に着けている場合は wear が適切。

(A) The man is putting on a cap.
(B) The man is using a tool.
(C) The man is putting away the hammer.
(D) The man is playing a musical instrument.

訳：(A) 男性が帽子をかぶろうとしています。／(B) 男性が道具を使っています。／(C) 男性がハンマーをかたづけています。／(D) 男性が楽器を演奏しています。

語注▶ put away「かたづける」／ musical instrument「楽器」

2. 正解：(D) 解説：「絵のほうを向いている」という位置関係を表す (D) が正解。(A) の painting は「ペンキを塗る」という動作のこと。壁を塗っているわけではない。

(A) People are painting the wall.
(B) People are entering the museum.
(C) People are waiting in line.
(D) People are facing the painting.

訳：(A) 人々が壁にペンキを塗っています。／(B) 人々が博物館に入ろうとしています。／(C) 人々が一列に並んで待っています。／(D) 人々が絵のほうを向いています。

語注▶ paint 動「ペンキを塗る」

3. 正解：(C) 解説：「コピーを取る」は、make a photocopy という。(D) の repair は「修理する」という意味。修理しているようには見えない。

(A) The man is preparing some coffee.
(B) The man is reading a book.
(C) The man is making a photocopy.
(D) The man is repairing the machine.

訳：(A) 男性がコーヒーを用意しています。／(B) 男性が本を読んでいます。／(C) 男性がコピーを取っています。／(D) 男性が機械を修理しています。

語注▶ photocopy 图「コピー」／ repair 動「修理する」

4. 正解：(D) 解説：手すりに寄りかかっている写真。その状態を表す (D) が正解。(B) の watering は「(植物などに) 水をやる」という意味の動詞。

(A) The man is swimming in the water.
(B) The man is watering some plants.
(C) The man is going down the stairs.
(D) The man is leaning against the railing.

訳：(A) 男性が水の中で泳いでいます。／(B) 男性が植物に水をやっています。／(C) 男性が階段を下りています。／(D) 男性が手すりに寄りかかっています。

語注▶ be leaning against the railing「手すりに寄りかかっている」

Day 2 物の状態と位置

Brush up

正解：❶ furniture「家具」／ ❷ vehicle「乗り物」／ ❸ be parked「(車が) 駐車している」／ ❹ be hanging on the wall「壁に掛かっている」／ ❺ be unoccupied「使われていない」／ ❻ be piled up「積み重ねられている」

語注▶ device「機器」／ be lying on the floor「床に横たわっている」／ be attached「取り付けられている」／ be leaning against the wall「壁に立てかけられている」

Exercise 1

正解：❶ in, row　❷ on display　❸ lined up　❹ hanging on the wall　❺ arranged, table　❻ leaning against

語注▶ in a row「一列に」／ arrange 動「配置する」

Exercise 2

❶ 正解：[○] (B)　解説：place「置く」を使い、「食べ物がテーブルに置かれている」という状態を描写している (B) が正解。なお、(A) のように人物が写っていないにもかかわらず、人物に関する語句 (A man や People など) が聞こえてきたら、すぐに消去すること。

訳：(A) 男性が食事を作っています。／ **(B) 食べ物がテーブルの上に置いてあります。**

❷ 正解：[○] (B)　解説：occupied は「使用中」であり、unoccupied が「使われていない」を意味する。テーブルには人がいないため、(B) の unoccupied が正しい。

訳：(A) テーブルは使用中です。／ **(B) テーブルは使われていません。**

❸ 正解：[○] (B)　解説：be piled up は「(上に) 積み重ねられている」、be lined up は「(横に) 並べられている」である。箱の状態を正しく描写している (B) が正解。

訳：(A) はしごが積み重ねられています。／ **(B) 箱が並べられています。**

語注▶ ladder 名「はしご」

Exercise 3

正解：❶ (A) A car is parked ／ (B) in front of the building ／ (C) vehicle ／ (D) windows are closed

訳：(A) 車が道路に止められています。／ (B) 建物の前に木が数本あります。／ (C) 外に乗物が止められています。／ (D) 窓はすべて閉まっています。

正解：❷ (A) luggage, cart ／ (B) being pushed ／ (C) been placed ／ (D) cart is full of

訳：(A) カートに手荷物が載っています。／ (B) カートが押されています。／ (C) バッグがスーツケースの上に載っています。／ (D) カートはスーツケースでいっぱいです。

語注▶ be full of ~「~でいっぱいである」

Let's try!

1. 正解：(C)　解説：自転車に関する描写である。leaning against a pole「ポールに立てかけられている」が適切である。なお、人物が写っていないため、人物の動作を描写している (A) と (D) は消去する。

(A) A man is riding a bicycle.
(B) Bicycles are lined up in a row.
(C) A bicycle is leaning against a pole.
(D) A man is repairing a bicycle.

訳：(A) 男性が自転車に乗っています。／ (B) 自転車が一列に並んでいます。／ **(C) 自転車がポールに立てかけられています。** ／ (D) 男性が自転車を修理しています。

語注▶ ride 動「乗る」

2. 正解：(A)　解説：絵の状態を正しく描写しているのは、hanging on the wall「壁に掛かっている」である。人物は写っていないため、(C) と (D) は消去できる。

(A) There are some paintings hanging on the wall.
(B) There are some photo frames on the floor.
(C) People are resting in a museum.
(D) Photographers are taking pictures.

訳：**(A) 壁に絵が掛かっています。** ／ (B) 床に写真のフレームが置いてあります。／ (C) 人々が博物館の中で休憩しています。／ (D) カメラマンが写真を撮っています。

語注▶ photo frame「写真用の額」／ rest 動「休む」

3. 正解：(C)　解説：(D) の主語 People 以外はすべて写っているため、状態を正しく聞き取らなくてはならない。コンピューターの状態を正しく伝えている (C) が正解。(A) は状態が異なり、(B) は位置が異なっている。

(A) The chairs are piled up.
(B) Monitors are placed under the desks.
(C) The computers are not being used.
(D) People are setting up the computers.

訳：(A) イスが積み重ねられています。／ (B) モニターが机の下に置かれています。／ **(C) コンピューターは今のところ使われていません。** ／ (D) 人々がコンピューターを設置しています。

語注▶ set up「設置する」

4. 正解：(D)　解説：店内の商品の状態を正しく描写しているのは、(D) の on display「陳列されて」だ。(A) は場所が異なり、(B) は window がない。(C) の shoppers「買い物客」は人物であり、人物は写っていないため不可。

(A) Plates are arranged on the table.
(B) There is a sofa near the window.
(C) Shoppers are looking at some items.
(D) Some items are on display.

訳：(A) テーブルの上に皿が並べられています。／ (B) 窓の近くにソファーがあります。／ (C) 買い物客が品物を見ています。／ **(D) 品物が陳列されています。**

語注▶ arrange 動「並べる」／ item 名「商品」

Day 3 疑問詞を使った疑問文

Brush up

正解：❶ 誰 (e) ／❷ どこ (b) ／❸ いつ (f) ／❹ 何 (a) ／❺ どうやって (h) ／❻ どのくらいの頻度で (c) ／❼ どのくらいの時間 (g) ／❽ なぜ (d)

❶ このプロジェクトの責任者は誰ですか。／❷ 先週末はどこに行ったのですか。／❸ 次回の会議はいつに予定されていますか。／❹ 明日の天気予報はどうなっていますか。／❺ 工場へはどのように行きましたか。／❻ コピー機は何回くらい点検しますか。／❼ ここから空港までどのくらい時間がかかりますか。／❽ 今朝はどうして職場に遅刻したのですか。

(a) It's likely to rain.「雨が降りそうです」
(b) I went to a museum.「私は博物館へ行きました」
(c) Once a month.「月に一度です」
(d) The train was delayed.「電車が遅れました」
(e) Ms. Tyler is.「タイラーさんです」
(f) Next Monday, at 10:00.「次の月曜日，10時です」
(g) Approximately 45 minutes.「およそ45分です」
(h) By taxi.「タクシーでです」
(i) Yes, I think so.「はい，そう思います」

語注▶ be in charge of 〜「〜の担当者［責任者］である」／ weather forecast「天気予報」／ factory 图「工場」／ work 图「仕事，職場」

Exercise 1

正解：❶ Who　❷ When　❸ Where　❹ Why　❺ How often

Exercise 2

❶ 正解：[○] (B)　解説：Where「どこ」に対して，場所を答えているのは (B)。(A) は When「いつ」に対する応答。

Where will the conference be held this year?

(A) On October 15. ／ **(B) At the Convention Center.**
訳：今年はどこで会議が開かれますか。／ (A) 10月15日です。／ **(B) コンベンション・センターです。**
語注▶ conference 图「会議」

❷ 正解：[○] (B)　解説：How often は「どのくらいの頻度で」という意味。頻度を答えている (B) が適切。

How often do you check your e-mail?

(A) It's about the next project. ／ **(B) At least twice a day.**
訳：どのくらいの頻度でEメールを確認しますか。／ (A) 次のプロジェクトに関するものです。／ **(B) 少なくとも1日2回です。**

❸ 正解：[○] (A)　解説：Who「誰」に対して，人物名ではなく，「まだ決まっていない」と答えている (A) が適切。(B) は，How much「いくら」に対する応答。

Who is in charge of the committee?

(A) It hasn't been decided yet. ／ (B) The extra charge is $20.
訳：誰が委員会の責任者ですか。／ **(A) まだ決定していません。**／ (B) 追加料金は20ドルです。

❹ 正解：[○] (A)　解説：Why「なぜ」は内容の聞き取りも重要。会議に出なかったことを説明しているのは (A)。なお，WH疑問文に Yes/No では答えられないため，(B) は不可。

Why weren't you at the meeting yesterday?

(A) I had to visit a client. ／ (B) No, I wasn't.
訳：どうして昨日会議に出なかったのですか。／ **(A) 顧客のところに行かないといけなかったからです。**／ (B) いいえ，私ではありませんでした。

❺ 正解：[○] (B)　解説：When「いつ」に対する応答は (B)。(A) は Who「誰」に対する応答。

When did you submit the report?

(A) To the manager. ／ **(B) This morning.**
訳：いつ報告書を提出しましたか。／ (A) マネージャーにです。／ **(B) 今朝です。**

Exercise 3

❶ Q: When will you return to the office?
　 A: I'll be back after lunch.
❷ Q: Where did you put the document?
　 A: In the filing cabinet.
❸ Q: Who did you meet yesterday?
　 A: Some of the clients.
❹ Q: How far is it from here to the Convention Center?
　 A: I'm not sure.
❺ Q: Do you know how we should submit the report?
　 A: By e-mail.
❻ Q: Could you tell me how much this jacket costs?
　 A: It's $70.

訳：❶ いつ会社に戻ってきますか。／昼食後に戻ります。
❷ どこに書類を置きましたか。／ファイル用の棚です。
❸ 昨日誰に会いましたか。／数人の顧客です。
❹ コンベンション・センターはここからどれくらい遠いのですか。／よくわかりません。
❺ 報告書をどのように提出すべきか知っていますか。／Eメールでです。
❻ このジャケットがいくらか教えていただけませんか。／70ドルです。

語注▶ filing cabinet「ファイル用の棚」

Let's try!

1. 正解：(B)　解説：疑問詞 Where「どこ」は，場所を問う質問。場所に関する応答は (B) のみ。疑問詞による疑問文は，Yes/No では答えることができないため (A) は不可。(C) は When「いつ」や What time「何時に」への応答。

Where are you going this afternoon?
(A) Yes, I've been there before.
(B) To a client's office.
(C) At 3:00.

訳：今日の午後はどこに行くのですか。／(A) はい，以前そこに行ったことがあります。／**(B) 顧客の会社です。**／(C) 3 時です。

2. 正解：(B)　解説：疑問詞 Why「なぜ」は，内容まで理解しなくては応答が選べないことが多い。weren't you in the office まで聞き取れれば，「会社にいなかった理由」が問われていることがわかる。Why だからといって，必ずしも Because で始まる選択肢が正解になるわけではない。(A) の内容では応答にならない。いなかった理由となるのは，「歯医者の予約があった」という (B) である。(C) は Yes/No で答えているため不正解。

> Why weren't you in the office this morning?
> (A) Because it was last night.
> **(B) I had a dental appointment.**
> (C) No, I don't think so.

訳：どうして今朝会社にいなかったのですか。／(A) 昨夜だったからです。／**(B) 歯医者の予約があったからです。**／(C) いいえ，そうは思いません。

語注▶ dental appointment「歯医者の予約」

3. 正解：(C)　解説：Who「誰」で始まっているため，人物が問われている。(A) は Where「どこ」，(B) は How long「どのくらいの時間」に対する応答。人物名を答えている (C) が正解。

> Who attended yesterday's meeting?
> (A) It was held in the conference room.
> (B) It took about three hours.
> **(C) I think Ronald and Kelly did.**

訳：誰が昨日のミーティングに出席しましたか。／(A) 会議室で開かれました。／(B) 約 3 時間かかりました。／**(C) ロナルドとケリーだと思います。**

語注▶ attend 動「出席する」

4. 正解：(A)　解説：When「いつ」に対する応答は，(A) のみ。By 〜「〜までに」は締め切りを表す言い方。when には必ずしも時間や曜日などで答えるわけではない。(B) は Who「誰」，(C) は What「何」に対する応答。

> When should we submit the report to the manager?
> **(A) By the end of the week.**
> (B) Report it to the manager.
> (C) About the new product.

訳：いつマネージャーに報告書を提出すべきですか。／**(A) 週末までにです。**／(B) それをマネージャーに報告してください。／(C) 新製品についてです。

5. 正解：(C)　解説：How often「どのくらいの頻度で」が問われている。頻度を答えているのは，(C)。once a month「月に 1 回」や twice a week「週に 2 回」などの言い方を覚えておこう。(A) の be located in 〜「〜に位置する」は，Where「どこ」に対する応答。(B) は How「どうやって」に対する応答である。

> How often do you go to the head office?
> (A) It's located in Seattle.
> (B) I go there by train.
> **(C) Usually once a month.**

訳：どのくらいの頻度で本社に行きますか。／(A) シアトルにあります。／(B) そこへは電車で行きます。／**(C) たいていは月に 1 度です。**

語注▶ head office「本社」

6. 正解：(B)　解説：Do you know の後ろに来る疑問詞 what time「何時」がキーワード。時間を答えているものはないが，(B) の「時刻表を確認させてください」は応答として適切。直接答えていないため，やや難度が高い。(A) は Yes「はい」だけなら意味が通るが，その後の会話がかみ合わず，応答にならない。(C) も「何時」に対して，「切符 2 枚」ではおかしい。

> Do you know what time the next train leaves?
> (A) Yes, he believes it is.
> **(B) Let me check the timetable.**
> (C) Two tickets, please.

訳：次の電車がいつ出発するか知っていますか。／(A) はい，彼はそう信じています。／**(B) 時刻表を確認させてください。**／(C) 切符を 2 枚お願いします。

語注▶ timetable 名「時刻表」

7. 正解：(C)　解説：How long does it take from A to B?「A から B までのどのくらいの時間がかかりますか」はそのまま覚えてしまいたい。「かかる時間」が問われているため，正解は (C)。(A) のように When「いつ」との混同を誘う選択肢に引っかからないように気をつけよう。(B) は How に対する応答であるため，冒頭の How のみしか聞き取れていないと選んでしまうかもしれない。

> How long does it take from your apartment to the office?
> (A) I arrived at the office at 8:00 this morning.
> (B) Usually by bus.
> **(C) About twenty minutes.**

訳：あなたのアパートから会社までどれくらいの時間がかかりますか。／(A) 今朝 8 時に会社に着きました。／(B) たいていはバスを使います。／**(C) 約 20 分です。**

8. 正解：(A)　解説：What「何」も Why「なぜ」と同様に，内容を理解する必要がある。planning to do 〜「〜する計画をしている」まで聞き取れればよい。計画について，「まだ決めていない」という (A) が正解。(B) では，計画に関する質問の答えにならない。(C) のように What に対して Yes/No では答えられない。

> What are you planning to do this weekend?
> **(A) I haven't decided anything yet.**
> (B) That's a nice plan.
> (C) Yes, you should.

訳：今週末は何をする予定ですか。／**(A) まだ何も決めていません。**／(B) それはいい計画ですね。／(C) はい，そうすべきです。

Day 4 基本構文（依頼／提案／申し出）と応答の決まり文句

Brush up

❶～❸ [(b)] Sure.「もちろん。」／[(d)] Not at all.「まったくかまいません。」／[(a)] I'll do it right away.「すぐにやります。」／[(c)] I'd be happy to.「喜んで。」
❹～❼ [(c)] That's a great idea.「とてもいい考えですね。」／[(a)] Sounds good to me.「いいですね。」／[(b)] I'd love to.「ぜひ。」
❽～❾ [(a)] Yes, thank you.「はい，ありがとう。」／[(b)] No, that won't be necessary.「いいえ，その必要はありません。」

Exercise 1

正解：❶ Could you　❷ Why don't you　❸ Would you like to　❹ Would you mind　❺ Why don't we

Exercise 2

❶ 正解：[○] (A)　解説：Why don't you ...?「～してはいかがですか」と提案している。提案を受け入れる決まり表現の (A) が正解。

Why don't you ask someone for help?

(A) That's a good idea. ／ (B) Because they don't know.
訳：誰かに手伝いを頼んではいかがですか。／ **(A) それはいい考えですね。** ／ (B) 彼らが知らないからです。

❷ 正解：[○] (B)　解説：Would you mind ...?「～していただけませんか」という依頼表現。mind は「気になる」という意味のため，受け入れる場合は (B) のように No を使う。なお，not at all「かまいません」は Would you mind ...? に対する応答の決まり表現。

Would you mind turning down the volume?

(A) Yes, I'd love to. ／ **(B) No, not at all.**
訳：ボリュームを下げていただけませんか。／ (A) ぜひ，そうします。／ **(B) かまいません（まったく問題ありません）。**

❸ 正解：[○] (A)　解説：Could you ...?「～していただけませんか」という依頼表現。Sure「もちろん」と受け入れている (A) が正解。

Could you reschedule the meeting?

(A) Sure, no problem. ／ (B) Thanks.
訳：会議のスケジュールを変更していただけませんか。／ **(A) もちろん，問題ありません。** ／ (B) ありがとう。

❹ 正解：[○] (A)　解説：Would you like to ...?「～しませんか」と勧誘している。「ぜひ」と答えている (A) が正解。I'd love to. は誘いを受け入れる表現。

Would you like to join us for dinner?

(A) Yes, I'd love to. ／ (B) I'll do it right away.
訳：夕食をご一緒しませんか。／ **(A) ぜひ。** ／ (B) すぐにやります。

❺ 正解：[○] (B)　解説：Why don't we ...?「～しませんか」と

提案しているのに対して，受け入れるときの決まり表現で答えている (B) が正解。

Why don't we finish early today?

(A) That's why I like it. ／ **(B) Sounds good.**
訳：今日は早めに終わりにしませんか。／ (A) だから私はそれが好きなんです。／ **(B) それはいい考えですね。**

Exercise 3

❶ Q: Could you tell me <u>how to get to</u> the station?
　A: You can <u>take</u> a <u>bus</u> at that corner.
❷ Q: Would you mind <u>reviewing</u> this <u>document</u> for me now?
　A: I'm sorry, but I'm <u>on my way</u> to a meeting.
❸ Q: Why don't we <u>go out for lunch</u>?
　A: I <u>would love to</u>, but I have to see my client today.
❹ Q: Would you like me to <u>make</u> your <u>travel arrangements</u>?
　A: Thanks. That would <u>be</u> <u>helpful</u>.
❺ Q: How about <u>meeting in the lobby</u> at 4:00?
　A: I'm <u>afraid</u> I'll be out of the office then.
❻ Q: Would you like <u>some</u> <u>more</u> <u>information</u> on the project?
　A: No, that <u>will be</u> <u>enough</u>.

訳：❶ 駅への行き方を教えていただけませんか。／そこの角からバスに乗れますよ。
❷ この資料に今すぐにもう一度目を通してもらえませんか。／申し訳ありませんが，会議に行く途中なんです。
❸ 外で昼食を食べませんか。／そうしたいのですが，今日は顧客に会わないといけないのです。
❹ 旅行の手配を私がやりましょうか。／ありがとう。そうしてもらえると助かります。
❺ 4 時にロビーで会うのはどうですか。／申し訳ありませんが，その時間には会社にいません。
❻ そのプロジェクトについてもっと情報がほしいですか。／いいえ，それで十分です。
語注▶ travel arrangements「旅行の手配」

Let's try!

1. 正解：(B)　解説：依頼 Could you ...? に対して，応答の決まり文句 Sure. で答えている。このような問題は，確実に正解しよう。依頼をされている側であるため，(C) のお礼では応答にならない。

Could you help me carry these files?

(A) They are in the file cabinet.
(B) Sure, I'll do it right away.
(C) Thank you for your help.

訳：ファイルを運ぶのを手伝っていただけますか。／ (A) ファイル用の棚にあります。／ **(B) もちろん，すぐにやります。** ／ (C) 手伝ってくれてありがとう。

2. 正解：(A)　解説：申し出 Would you like me ...? の内容は，show you how to use the photocopier「コピー機の使い方を教

える」である。申し出に対して、お礼を述べている(A)が正解。(B)はコピー機のことを指していると思われるが、申し出への応答にはならない。

> Would you like me to show you how to use the photocopier?
> (A) Thanks. That would be helpful.
> (B) Yes, it's new.
> (C) That was a great show.

訳：コピー機の使い方を説明しましょうか。／**(A) ありがとう。助かります。**／(B) はい、新しいです。／(C) すばらしいショーでした。

3. 正解：(C)　解説： review the plan「計画を見直す」ことを提案しているのに対して、提案を受け入れられない理由（忙しい）を伝えている(C)が正解。基本的に、受け入れられない場合は、謝ったうえで、その理由を伝える流れとなる。Why で始まっていても行動の理由を聞いているわけではないため、(A)は不可。

> Why don't we review the plan now?
> (A) Because it's a nice view.
> (B) About 13 pages long.
> (C) Sorry, but I'm busy right now.

訳：計画を今見直してみませんか。／(A) いい景色だからです。／(B) 約13ページくらいの長さです。／**(C) ごめんなさい。今忙しいのです。**
語注▶ review 動「見直す、チェックする」

4. 正解：(B)　解説：依頼表現 Would you mind ...? に対して、not at all という決まり文句で答えている(B)が正解。

> Would you mind helping me carry these boxes?
> (A) No, they're not mine.
> (B) No, not at all.
> (C) Because they're heavy.

訳：これらの箱を運ぶのを手伝っていただけますか。／(A) いいえ、それらは私のではありません。／**(B) ええ、かまいませんよ。**／(C) それらは重いからです。

5. 正解：(A)　解説：提案内容 call the supplier「供給業者に電話する」に対して、すでにそうしたことを伝えている(A)が適切な応答。内容を理解しなくては解答できない。

> Why don't you call the supplier about the shipment?
> (A) Actually, I've done that already.
> (B) Yes, I was surprised.
> (C) My extension is 322.

訳：供給業者に発送に関して電話してみてはいかがですか。／**(A) 実は、すでに電話をしました。**／(B) はい、驚きました。／(C) 私の内線は322です。
語注▶ supplier 名「供給業者」／ extension 名「内線」

6. 正解：(C)　解説：提案 How about ...? に対して、決まり文句 That's a good idea. で答えている(C)が正解。

> How about having a meeting tomorrow?
> (A) I haven't met them yet.
> (B) About twenty people.
> (C) That's a good idea.

訳：明日会議を開くのはどうですか。／(A) まだ彼らに会っていません。／(B) 約20人です。／**(C) それはいい考えです。**
7. 正解：(A)　解説：コーヒーなどを勧める際の言い方。この場合の I'm fine. は「結構です」という意味になるため、(A)が正解。(B)のように coffee と copy の音の混同を誘う選択肢は頻出。

> Would you like a cup of coffee?
> (A) No, I'm fine.
> (B) Please copy this document.
> (C) Yes, I took some cough medicine.

訳：コーヒーはいかがですか。／**(A) いいえ、結構です。**／(B) この書類をコピーしてください。／(C) はい、咳止めの薬を飲みました。
語注▶ cough 名「咳」

8. 正解：(B)　解説：内容 stop by my office「私のオフィスに立ち寄る」まで聞き取る必要がある。依頼に対して、行けない理由を伝えている(B)が正解。

> Could you stop by my office?
> (A) It suddenly stopped.
> (B) Sorry, but I'm on my way out.
> (C) My office is on the second floor.

訳：私のオフィスに立ち寄っていただけませんか。／(A) それは突然止まったのです。／**(B) すみませんが、外出するところなのです。**／(C) 私のオフィスは2階です。
語注▶ be on one's way out「出かけるところである」

Day 5　Yes/No 疑問文

Brush up

正解：❶ レポートを**提出する**／**❷** 提案書を**修正する**／**❸** 手に**入る**／**❹** セミナーに**申し込む**／**❺** 新しい社員**を雇う**／**❻** **予約**をする／**❼** **〜に満足している**／**❽** 会議が**開かれた**／**❾** 会議が**延期された**／**❿** 会議の**予定を変更する**

Exercise 1

❶ order　arrived　**❷** tickets、available　**❸** sign up for
❹ hire some new employees　**❺** made、reservation
語注▶ hire 動「雇う」／ make a reservation「予約をする」

Exercise 2

❶ 正解：[○] (A)　解説：hire some new employees「新しい社員を雇う」かどうかについて、雇う人数を答えている(A)が正解。

> Aren't we going to hire some new employees?

(A) Yes, five more people. ／ (B) No, higher than that.
訳：新しい従業員を雇う予定はないのですか。／ (A) あと 5 人雇います。／ (B) いいえ，それよりも高いです。
❷ 正解：[○] (A)　解説：the order arrived「注文品が届いた」かどうかについて，どこにあるかを答えている (A) が正解。

Has the order arrived yet?

(A) Yes, it's in the supply room. ／ (B) No, it was yesterday.
訳：注文した商品はもう届いていますか。／ (A) はい，備品室にあります。／ (B) いいえ，それは昨日でした。
❸ 正解：[○] (B)　解説：made a reservation「予約をした」の確認に対して，「まだしていない」と伝えている (B) が正解。

You've made a reservation, haven't you?

(A) Yes, please. ／ (B) No, not yet.
訳：予約はしたのですよね？／ (A) はい，お願いします。／ (B) いいえ，まだです。
❹ 正解：[○] (B)　解説：sign up for the seminar「セミナーに申し込む」を行ったかどうかに対して，「すでに受講した」ことを伝えている (B) が正解。間接的に，「去年受講したので今年は受講しない」と伝えている。

Did you sign up for the seminar?

(A) Sign here please. ／ (B) Actually, I took it last year.
訳：そのセミナーに申し込みましたか。／ (A) ここにサインをお願いします。／ (B) 実は去年受けました。
❺ 正解：[○] (B)　解説：tickets available「チケットが買える」かどうかに対して，「何枚欲しいか」を伝えている (B) が正解。Yes/No を使わずに，質問に応答している。

Are tickets still available?

(A) It's a French movie. ／ (B) How many do you need?
訳：チケットはまだありますか。／ (A) それはフランス映画です。／ (B) 何枚必要ですか。

Exercise 3

❶ Q: Did you watch the weather forecast for tomorrow?
　A: Yes, it's likely to rain.
❷ Q: Can you return to the office by 2:00?
　A: No, I won't be back until 3:00.
❸ Q: Didn't you like the proposal?
　A: Yes, but we don't have a large enough budget for that.
❹ Q: Did you finish revising the sales report?
　A: Yes, and I submitted it to the sales manager.
❺ Q: Did you hear that the meeting has been postponed?
　A: Yes, it's been rescheduled for next Friday, hasn't it?
❻ Q: Are you satisfied with the sales results?
　A: Yes, they are much better than I expected.

訳：❶ 明日の天気予報を見ましたか。／はい，雨が降るかもしれません。
❷ 2時までに会社に戻って来られますか。／いいえ，3時までは戻れません。
❸ その提案は気に入りませんでしたか。／気に入りましたが，そのための十分な予算がありません。
❹ 営業報告書の確認は終わりましたか。／はい，営業部長に提出しておきました。
❺ 会議が延期になったと聞きましたか。／はい，来週の金曜日に変更になったのですよね？
❻ 販売結果に満足していますか。／はい，思っていたよりもはるかにいいです。
語注▶ proposal 图「提案」／ budget 图「予算」

Let's try!

1. 正解：(B)　解説：find the file「ファイルを発見」したかどうかを聞き取ったうえで応答を待つ。「どこにあったか」という追加情報で答えている (B) が正解。(A) は応答にならず，(B) は No「見つかっていない」に続く内容が質問に対応していない。

Did you find the file?
(A) I'm fine, thank you.
(B) Yes, it was in the cabinet.
(C) No, three files.

訳：ファイルは見つかりましたか。／ (A) 元気です。ありがとう。／ (B) はい，棚にありました。／ (C) いいえ，ファイル 3 つです。
2. 正解：(B)　解説：checked the photocopier「コピー機をチェックした」かどうかに対して，「今修理している」と伝えている (B) が正解。(A) の photo「写真」は質問とは無関係。(C) は，「コピーの依頼」であり，質問の答えではない。

Has the repairman checked the photocopier?
(A) It's a nice photo.
(B) He's working on it now.
(C) 30 copies, please.

訳：修理士はコピー機をチェックしましたか。／ (A) いい写真ですね。／ (B) 今修理しています。／ (C) 30 部お願いします。
語注▶ repairman 图「修理士」／ work on「取り組む，修理する」
3. 正解：(A)　解説：submit「提出し」たかどうかを聞いているのに対して，「いつ提出したか」を答えている (A) が正解。(B) は，No の後の「十分な予算がない」が適切な応答にならない。(C) の how to use it「その使い方」は，何のことを指しているかわからないため不可。

Did you submit the budget proposal?
(A) Yes, this morning.
(B) No, we don't have a large enough budget.
(C) Didn't you know how to use it?

訳：予算案は提出しましたか。／ (A) はい，今朝提出しました。／ (B) いいえ，十分な予算がありません。／ (C) その使い方を知らなかったんですか。
語注▶ budget proposal「予算案」
4. 正解：(C)　解説：anyone call me「誰かが私に電話してきた」がキーフレーズ。後半は，より細かい情報のため聞き逃しても問題ない。電話してきた人物を答えている (C) が正解。

Did anyone call me while I was away?
(A) She's been away for two days, hasn't she?
(B) He didn't tell me why.
(C) Mr. Patterson left a message for you.

訳：私のいない間に，私宛の電話はありましたか。／(A) 彼女は2日間いなかったのですよね？／(B) 彼は私に理由を話しませんでした。／(C) パターソンさんが伝言を残していきました。

5. 正解：(A)　解説：文尾に don't we? や are you? などが付く付加疑問文も，答え方は普通のYes/No疑問文と変わらない。have a sales workshop「販売研修がある」がキーフレーズ。研修に対して，「申し込んだ」と答えている (A) が正解。(B) の work overtime「残業する」や，(C) の売上げ結果は研修とは関係ない。

We have a sales workshop next month, don't we?
(A) I've signed up for it.
(B) Yes, I've been working overtime recently.
(C) Our sales have been good.

訳：来月販売研修があるのですよね？／(A) もう申し込みましたよ。／(B) はい，最近残業をしています。／(C) 販売は順調です。
語注▶ work overtime「残業する」

6. 正解：(B)　解説：Aren't you や Don't you のように，否定で始まる否定疑問文の場合も，普通のYes/No疑問文と同様に，内容の理解が重要。satisfied with the presentation「プレゼンテーションに満足した」かどうかが問われている。感想を答えているのは (B)。(A) は presentation をプレゼントと間違えた場合，gift と混同するのを狙った選択肢。(C) の顧客満足度は，satisfied の名詞 satisfaction を用いたもの。応答にはならない。

Weren't you satisfied with the presentation?
(A) Thank you for the nice gift.
(B) Actually, there wasn't much new information.
(C) Customer satisfaction is very important, isn't it?

訳：プレゼンテーションには満足しませんでしたか。／(A) いい贈り物をありがとう。／(B) 実は，新しい情報はたいしてありませんでした。／(C) 顧客の満足度はとても重要ですよね？
語注▶ be satisfied with ～「～に満足する」／ customer satisfaction「顧客の満足度」

7. 正解：(A)　解説：キーワードは，train / delayed。「電車が遅れているか」どうかに関する適切な応答は，(A)。Yes「遅れている」と答えた後，どれくらい遅れているかを伝えている。(B) は train と音が似ている rain(ing) を用いたもの，(C) は train から make a reservation の発想を誘ったもので，応答になっていない。

Has the train been delayed?
(A) Yes, for about twenty minutes.
(B) It's raining outside.
(C) Yes, I made a reservation.

訳：電車は遅れているのですか。／(A) はい，約20分遅れています。／(B) 外は雨です。／(C) はい，予約をしました。

8. 正解：(C)　解説：Did you hear that …?「～ということを聞きましたか」の後に内容が続いているため，聞き取るべきポイントが後半にある。conference / postponed がキーワード。「延期された」という内容について，No「聞いていない」と答えたうえで，「新しい日程はいつか」を尋ねている (C) が正解。まだ開催されていないため，(A) は不可。(B) は hear と here の発音の混同を狙った選択肢。

Did you hear that the annual conference has been postponed?
(A) I think it was held at the Convention Center.
(B) Yes, I came here at about 8:00.
(C) No, when's the new date?

訳：年次会議が延期になったと聞きましたか。／(A) コンベンション・センターで行われたと思います。／(B) はい，8時くらいにここに来ました。／(C) いいえ，新しい日程はいつですか。
語注▶ postpone 動「延期する」

Day 6　Day 1 ～ Day 5 の復習

Review 1

❶ [×]　解説：put on は「身に着ける」動作のため，不適切。wear なら適切。

The woman is putting on her glasses.

訳：女性が眼鏡をかけようとしています。

❷ [○]　解説：動作を適切に表している。

The woman is using a computer.

訳：女性がコンピューターを使っています。

❸ [○]　解説：やや抽象的な描写ですが，動作を適切に表している。

The woman is looking at a monitor.

訳：女性がモニター画面を見ています。

❹ [×]　解説：動作が異なっている。

The woman is walking around the office.

訳：女性がオフィスの周りを歩いています。

❺ [○]　解説：大型のゴミ箱を trash bin と言う。状態を適切に表している。

There are trash bins against the wall.

訳：壁に面してゴミ箱があります。

❻ [×]　解説：人物 the woman は写っていないため，不正解。

The woman is emptying trash bins.

訳：女性がゴミ箱を空にしています。

❼ [×] 解説：bottles, shelf ともに写っていないため，不正解。

> Some bottles are arranged on the shelf.

訳：何本かの瓶が棚の上に並んでいます。

❽ [○] 解説：have been placed「置かれている」という状態と，その位置関係 next to one another「隣どうしに」が正しい描写。

> Trash bins have been placed next to one another.

訳：ゴミ箱が隣どうしに並んでいます。

語注▶ trash bin「（大型の）ごみ箱」／ next to one another「隣どうしに」

Let's try! 1

1. 正解：(D) 解説：1人の人物が中心の写真なので，動作に注目しよう。書いている状況を直接描写している (D) が正解。(A) と (B) は動作が異なっている。(C) の put on は「身に着ける動作」を表すため不可。すでに身に着けている場合は wear。

> (A) The man is turning on the light.
> (B) The man is sitting at a desk.
> (C) The man is putting on a coat.
> **(D) The man is writing on a piece of paper.**

訳：(A) 男性が電気をつけています。／(B) 男性が席に座っています。／(C) 男性がコートを着ようとしています。／**(D) 男性が紙に書いています。**

語注▶ turn on「（明かりを）つける」

2. 正解：(B) 解説：こちらも1人の人物が中心なので，動作に注目。「カートを押している」という (B) が正解。(A) は動作が異なっている。(C) の car，(D) の card は，cart との発音の混同を誘っている誤答。

> (A) The man is packing his bag.
> **(B) The man is pushing a cart.**
> (C) The man is getting into a car.
> (D) The man is taking out a card.

訳：(A) 男性がバッグに荷物を詰めています。／**(B) 男性がカートを押しています。**／(C) 男性が車に乗り込んでいます。／(D) 男性がカードを取り出しています。

語注▶ get into ～「～に乗り込む」／ take out ～「～を取り出す」

3. 正解：(C) 解説：物（風景）の写真。目立つものに注目しよう。駐車してある車を描写している (C) が正解。人物がいないため (A) と (B) は People を聞いた時点で消去できる。(D) は状況を正しく描写していないほか，is being constructed「建設されているところだ」も，人物の動作を示すため不可。

> (A) People are walking in a park.
> (B) People are waiting in line.
> **(C) Some cars are parked in the lot.**
> (D) The building is being constructed.

訳：(A) 人々が公園を歩いています。／(B) 人々が一列に並んで待っています。／**(C) 車が駐車場に止まっています。**／(D) ビルが建設されているところです。

語注▶ lot 図「駐車場」／ construct 動「建設する」

4. 正解：(A) 解説：風景の写真。雲を描写している (A) が正解。人物の描写をしている (B) は不可。車はないため (C) も不正解。木は植えてあるが，「現在植えられているところだ」という動作を表す (D) も不正解。

> **(A) There are some clouds in the sky.**
> (B) People are swimming in the sea.
> (C) The street is crowded with cars.
> (D) Trees are being planted along the street.

訳：**(A) 空に雲が浮かんでいます。**／(B) 人々が海で泳いでいます。／(C) 道路は車で混雑しています。／(D) 通り沿いに木が植えられているところです。

語注▶ plant 動「植える」

Review 2

❶ 正解：(A) ×　(B) ○

解説：Who「誰が」という人物に関する質問。WH 疑問文に，Yes/No では答えられないため，(A) は ×。人物名を答えている (B) は ○。

> Who called you this morning?
> (A) Yes, it was really cold.
> **(B) Mr. Jefferson from the personnel department.**

訳：誰が今朝あなたに電話したのですか。／(A) はい，本当に寒かったですね。／**(B) 人事部のジェファーソンさんです。**

語注▶ personnel department「人事部」

❷ 正解：(A) ○　(B) ×

解説：Where「どこ」が問われている。直接の答えではないものの，(A)「まだ決めていない」というのは ○。(B) は when「いつ」に対する応答のため ×。

> Where are you going on vacation this summer?
> **(A) I haven't decided yet.**
> (B) In August.

訳：今年の夏の休暇はどこに行きますか。／**(A) まだ決めていません。**／(B) 8月です。

❸ 正解：(A) ×　(B) ○

解説：Why don't we ...? は「～しませんか」という提案表現。Because of ... と理由を答えている (A) は ×。決まり文句「いいですね」で答えている (B) は ○。

> Why don't we go out for lunch now?
> (A) Because of the rain.
> **(B) Sounds good to me.**

訳：今から外にお昼を食べにいきませんか。／(A) 雨のせいです。／**(B) いいですね。**

語注▶ go out for lunch「昼食に出かける」

❹ 正解：(A) ○　(B) ○

解説：submit the report「レポートを提出」したかどうかに関する質問。いつ提出したかを答えている (A) は ○。まだ作業をしていて提出していないことを示している (B) も ○。

Did you submit the report to Ronald?
(A) Yes, this morning.
(B) No, I'm still working on it.

訳：ロナルドに報告書を提出しましたか。／(A) はい，今朝しました。／(B) いいえ，まだ取り組んでいます。

❺ 正解：(A) ○　(B) ×
解説：reschedule my appointment「予約を変更する」が可能かどうかを聞く質問。何時に変更したいかを聞いている (A) は○。(B) の appointed as a manager「マネジャーに任命された」は応答にならないため×。

Can I reschedule my appointment to next Thursday?
(A) What time would you like?
(B) He's been appointed as a manager.

訳：予約を来週木曜日に予定を変更できますか。／(A) 時間はいつがよろしいでしょうか。／(B) 彼はマネジャーに任命されました。
語注▶ appoint 動「任命する」

Let's try! 2

1. 正解：(C)　解説：「今週末の天気」を聞いている。雨が降りそうだと答えている (C) が正解。

What's the weather forecast for this weekend?
(A) I don't know whether he likes it or not.
(B) I'm planning to go to the museum.
(C) It's likely to rain.

訳：今週末の天気はどうですか。／(A) 彼がそれを好きか嫌いかわかりません。／(B) 博物館に行く予定です。／(C) 雨が降るかもしれません。

2. 正解：(A)　解説：How often「どのくらいの頻度で」に関する質問。頻度を答えている (A) が正解。(C) は When「いつ」に対する応答で，movies と moved の混同を誘った選択肢。

How often do you go to the movies?
(A) About once a month.
(B) I like comedies.
(C) I moved last year.

訳：どれくらいの頻度で映画を見に行きますか。／(A) だいたい月に1度です。／(B) コメディが好きです。／(C) 昨年引っ越しました。
語注▶ go to the movies「映画を見に行く」

3. 正解：(B)　解説：When「いつ」に関する質問。日にちで答えている (B) が正解。(A) は Where「どこ」，(C) は How long「どのくらいの期間」に対する応答。

When is the next conference?
(A) At the Convention Center.
(B) March 1.
(C) For three days.

訳：次の会議はいつですか。／(A) コンベンション・センターです。／(B) 3月1日です。／(C) 3日間です。

4. 正解：(C)　解説：Could you ...? は「〜していただけませんか」という依頼表現。「資料をチェックすること」を依頼している。受け入れる表現で答えている (C) が正解。

Could you review this document for me?
(A) Yes, it's a nice view.
(B) About sales.
(C) Sure, I'll do it right away.

訳：この資料を確認していただけませんか。／(A) はい，いい眺めですね。／(B) 販売についてです。／(C) もちろん，すぐにやります。

5. 正解：(C)　解説：Why don't we ...? と提案をしている。提案を受け入れる表現の (C) が正解。

Why don't we take a taxi to the airport?
(A) At 8:00 P.M.
(B) Yes, we have the tickets.
(C) That's a good idea.

訳：空港までタクシーで行きませんか。／(A) 午後8時です。／(B) はい，チケットはあります。／(C) それはいい考えですね。

6. 正解：(A)　解説：Yes/No 疑問文は，内容までしっかりと聞き取ることが大切。「注文品が到着したか」どうかが問われている。「まだ」という (A) が正解。

Has the order arrived yet?
(A) No, not yet.
(B) Alphabetical order is fine.
(C) Ms. Anderson is coming.

訳：注文した商品はもう届きましたか。／(A) いいえ，まだです。／(B) アルファベット順でいいです。／(C) アンダーソンさんが来ます。
語注▶ order 名「注文，注文品」

7. 正解：(B)　解説：付加疑問文も普通の Yes/No 疑問文と同様に，内容を聞き取ろう。「報告書の作成が終わったか」どうかが聞かれている。「（報告書の作成を終えて）提出した」という情報を追加した応答の (B) が正解。

You finished the report, didn't you?
(A) Yes, I went fishing last week.
(B) Yes, I submitted it to the director.
(C) No, I will go by train.

訳：報告書の作成は終わったのですよね？／(A) はい，先週釣りに行きました。／(B) はい，部長に提出しました。／(C) いいえ，電車で行きます。

8. 正解：(C)　解説：have time「時間がある」かどうかの質問。直接的な答えではなく，「スケジュールを確認する」と間接的に答えている (C) が正解。(B) は Do you have the time? と現在の時間をたずねる文に対する答えのため不可。

Do you have time next Wednesday?
(A) No, it's already sold out.
(B) It's 2:30 now.
(C) Let me check my schedule.

訳：来週の水曜日にお時間はありますか。／(A) いいえ，もうすでに売り切れました。／(B) 今は 2 時 30 分です。／(C) スケジュールを確認させてください。

Day 7 品詞

Exercise 1

正解：❶ requirements　❷ reservation　❸ representatives　❹ submit　❺ attend　❻ organize　❼ successful　❽ effective　❾ available　❿ efficiently　⓫ significantly　⓬ immediately

解説：❶「冠詞(a / an / the)＋空欄＋前置詞(for / of / with など)」の場合，空欄には名詞が入る。
❷「冠詞 a ＋空欄」で終わる場合は，名詞が入る。
❸ one of the ～は，「～の1つ」と複数ある中の1つであることを示すため，the の後ろに入る名詞は複数形となる。
❹ the report「レポート」が動詞の対象（目的語）となる。「動詞＋目的語」のフレーズで覚えておこう。
❺ 助動詞 will の後ろには，動詞の原形が入る。
❻ Please の後ろには，依頼する動作である「動詞の原形」が入る。
❼ 名詞 candidate「応募者，候補者」を説明する品詞は形容詞。どんな候補者かを説明している。
❽ 名詞 approach を説明するための形容詞 effective「効果的な」が入る。
❾ be 動詞の後ろには，主語である tickets を説明する形容詞が入る。
❿ 動詞 work に対して，「どのように」働くかを示す副詞 efficiently「効率的に」が適切。
⓫ 動詞 rise の程度を表す副詞 significantly「著しく」が入る。
⓬ revise the report「レポートを修正する」の動詞 revise に対して，「どんなふうに」と説明を加える副詞 immediately「すぐに」が入る。

Exercise 2

正解：❶ The preparation of　❷ leave confidential documents　❸ A sharp increase　❹ did not work properly

語注▶ preparation 图「準備」／ confidential 形「極秘の」／ properly 副「正常に，適切に」

Let's try!

1. 正解：(C)　解説：空欄の後ろにある単語 candidate「候補者」は名詞。この名詞を説明する形容詞が空欄には必要。-ful で終わる単語は形容詞だということも覚えておこう。
訳：成功する候補者（採用者）は，少なくとも 3 年の管理職の経験が必要です。
(A) 成功（名）／(B) 成功する（動）／(C) 成功する（形）／(D) 成功して（副）
語注▶ experience 图「経験」
2. 正解：(C)　解説：「the ------- ＋前置詞」という語順の場合，空欄には名詞が入る。なお，one of the となっているため，その後に入る名詞は複数形 requirements「資格，要件」となる。
訳：リチャード・ノートンは，職の資格の1つを満たしませんでした。
(A) 必要条件，資格（名，単数形）／(B) 必要としている（動 -ing）／(C) 必要条件,資格（名,複数形）／(D) 必要とする（動）

3. 正解：(B)　解説：need to ～「～することが必要である」の後ろには，動詞の原形が置かれる。このタイプの動詞には，ほかに plan to ～「～することを予定している」，decide to ～「～することを決める」などがある。
訳：ポーラ・マクドナルドは，今週末までに提案書を修正する必要があります。
(A) 修正（名）／(B) 修正する（動）／(C) 修正された（過去・過去分詞）／(D) 修正している（動 -ing）
語注▶ proposal 图「提案（書）」
4. 正解：(B)　解説：study a foreign language「外国語を学ぶ」に対して説明を加えるものが空欄に入る。「どんなふうに学ぶか」を表すのは，副詞 effectively「効果的に」。
訳：『ラーニング・ガイド』には，外国語を効果的に学ぶ様々な方法が含まれています。
(A) 効果的な（形）／(B) 効果的に（副）／(C) 効果（名），もたらす（動）／(D) 効果があった（動）

Day 8 動詞

Exercise 1

正解：❶ is　❷ will reschedule　❸ have increased　❹ renewed　❺ attend【出席する】　❻ submit【提出する】　❼ was solved【解決される】　❽ is included【含まれる】

解説：❶ キーワード currently「現在は」があるため，現在形が適切。
❷ キーワード tomorrow afternoon「明日の午後」があるため，未来表現が適切。
❸ キーワード since「～以来」があるため，現在完了形が適切。
❹ キーワード at the last meeting「前回の会議で」があるため，過去形が適切。
❺ 主語「9 人」が動詞 attend「出席する」を行うため，能動態。動詞 attend の対象（目的語）が meeting「会議」。
❻ 主語はないが，目的語 your résumé「あなたの履歴書」に対する動詞は能動態の submit「提出する」。
❼ 主語 problem「問題」と動詞 solve「解決する」の関係は，「問題が解決される」となるため，受動態が適切。by の後に，動作を行った人物が続いていることからも，受動態だと判断できる。能動態で表す場合は，Our technical staff solved the mechanical problem this morning.「今朝技術スタッフが，機械の問題を解決しました」となる。
❽ 動詞の後に in the price「価格の中に」と続く。目的語（名詞）がないため，Lunch is included「昼食代が含まれている」と受動態になる。能動態にすると，The price includes lunch.「価格は昼食代を含んでいます」となる。

Exercise 2

正解：❶ I signed up for the sales workshop yesterday.
❷ We have served［have been serving］customers for more than 50 years.
❸ The document must be revised by tomorrow.
❹ The book contains incorrect information.

解説：❶「昨日申し込んだ」とあるため，動詞を過去形 signed にする必要がある。
❷ for more than 50 years「50 年以上」とあるため，現在完了形が適切。have served「提供してきた」, have been serving「提

供してきている」は，意味はほぼ同じ。

❸ 主語が document「資料」のため，revise「修正する」を受動態 be revised「修正される」にする必要がある。

❹ The book is contained ... と受動態のままだと，「本が含まれている」となり，incorrect information「誤った情報」につながらない。よって，能動態を用い，本が contains incorrect information「誤った情報を含んでいる」とする。

Let's try!

1. 正解：(C)　解説：時制問題。時を表すキーワード last week があるため，正解は過去形の (C) was installed。

訳：新しいセキュリティシステムが先週導入されたことにご注意ください。

2. 正解：(A)　解説：空欄の前後を見ると，主語 you と，目的語 an application form「応募用紙」がある。you が応募用紙に対して動作を行うため，能動態で must に続く complete「記入する」が適切。complete a form「用紙に記入する」で覚えておこう。

訳：研修に参加するには，申込用紙に記入しなくてはなりません。

語注▶ workshop「研修」

3. 正解：(D)　解説：空欄の後ろの名詞 your contract「契約」は目的語。契約に対して行う動作は，能動態で renew「更新する」が適切。sign the contract「契約書にサインする」や renew the contract「契約を更新する」で覚えておこう。

訳：弊社との契約を更新することを希望される場合は，添付された書類にサインをして，11月1日までに弊社にお送りください。

語注▶ wish to ～「～することを希望する」／ attached 形「添付された」／ no later than「～までに」

4. 正解：(B)　解説：時を表すキーワードの upcoming「今度の」があるため，動詞は未来表現が適切。(B) と (D) では，能動態か受動態かを判断する。主語 conference「会議」と動詞 hold「開く」の関係は，「会議が開かれる」と受動態の関係となる。よって，(B) will be held が適切。

訳：今度の技術会議は，2月13日に国立コンベンションセンターで開催されます。

語注▶ be held「開催される」

Day 9　代名詞・関係代名詞

Exercise 1

正解：❶ us　❷ your　❸ it　❹ its　❺ who　❻ which　❼ whose　❽ who

解説：❶ 動詞 contact「連絡を取る」の目的語のため us が適切。contact me や call us などと同様。

❷ 動詞 submit「提出する」の目的語 résumé につく代名詞は，「あなたの」を意味する your が適切。

❸ sent「送った」の目的語になるのは the registration form「登録用紙」。これを指す代名詞は it。

❹ The new mobile phone「新しい携帯電話」が単数形のため，代名詞は its「その」が適切。

❺ 先行詞 Shoppers「買い物客」と動詞 have をつなげるのは who。

❻ 先行詞 Murphy Hall と動詞 is をつなげるのは which。

❼ 先行詞 WY Inc. と products の関係は，WY Inc. の products「製品」という関係になるため，whose が適切。

❽ 先行詞 Those は People のこと。よって，動詞 wish とつなげるのは who。Those who ～「～する人々」という表現として覚えよう。

Exercise 2

正解：❶ Fill out the application form, and submit it to **us** by e-mail.
❷ Cellons Corp. is planning to advertise a new line of **its** products widely.
❸ We will contact **applicants who are qualified for the position**.
❹ Any **files which contain confidential information** must be stored in a locked cabinet.

解説：❶ 前置詞 to の後にはその目的語となる us が続く。所有格は×だ。

❷ 代名詞 them の後に名詞 products が続くのは不自然。「会社の製品」を示す its（their も可）が適切。

❸ contact「連絡する」の後ろは目的語となる名詞 applicants「応募者」。応募者の説明として，関係代名詞を用いた who are qualified for the position と続く。

❹ Any に続くのは名詞 files。ファイルの説明として，「極秘の情報を含む」をつなげると，which contain confidential information となる。

Let's try!

1. 正解：(B)　解説：空欄の後ろが動詞 are となっている。動詞の前には主語が必要となるため，正解は主語の働きをする代名詞の (B) they。

訳：すべての機械の部品は，各工場に配送する前に，注意深く検査される必要があります。

語注▶ mechanical parts「機械の部品」／ distribute 動「配送する」

2. 正解：(C)　解説：先行詞 someone に続いて，空欄の後には動詞 has が続いている。someone has と「主語＋動詞」の関係を作るには，人物を指し，主格である (C) who が適切。

訳：私たちは現在，最低5年の管理職の経験がある人を募集しています。

語注▶ seek 動「～を求める」／ managerial 形「管理職の」

3. 正解：(B)　解説：選択肢はすべて所有を表す代名詞のため，指しているものを特定しなくてはならない。会社を始める人物は，ラックスタワーを辞めることを計画している Ms. Roberts。よって，この人物を指す (B) her が正解。her own company で「彼女自身の会社」を意味する。

訳：ロバーツさんは，来年ラックスタワーを辞め，彼女自身の会社を始めることを計画しています。

4. 正解：(D)　解説：先行詞は the National Convention Center。空欄の後には名詞 location がきており，「the National Convention Center の場所」という結びつきとなる。よって，(D) whose が適切。(C) which が入る場合は，which is located ... のように動詞が続く必要がある。

訳：年次総会は，国立コンベンション・センターで開かれますが，その場所は地図に示されています。

Day 10 接続詞・前置詞

Exercise 1
正解：❶ Although　❷ due to　❸ or　❹ Neither　❺ while　❻ Following　❼ Once　❽ Despite

解説：❶ 接続詞 Although と前置詞 Despite の違いは，空欄の後ろが主語＋動詞か名詞句かで判断する。we placed は「主語＋動詞」であるため，接続詞 Although が空欄に入る。
❷ 問題1と同様に，接続詞か前置詞かを問うもの。空欄の後ろには名詞句が続いているため，前置詞 due to が適切。
❸ ペアで使われているものを選ぶ問題。空欄の前方に either があるため，ペアとなる or が正解。and は both A and B「AとBの両方」で使われる。
❹ 空欄の後方に nor があるため，ペアになる Neither が適切。only は，not only A but (also) B「AだけでなくBも」で使われる。
❺ 空欄の後ろが they are と「主語＋動詞」が続いているため，接続詞 while「〜の間に」が適切。
❻ 空欄の後ろには名詞句が続いている。よって，正解は After と似た意味を持つ前置詞 Following「〜に続いて」。
❼ Once も Even though も接続詞のため，2つの文の内容をチェックしよう。「用紙に記入した」と「係員に渡す」の関係は，「用紙に記入したら，係員に渡す」と考えるのが適切。時間の前後を表すのは Once「〜したら」。Even though は Although と同じく「〜にもかかわらず」という意味。
❽ 空欄の後は，the fact「事実」が続き，その事実の内容を that 以下で述べている。that に続く this software is … は文の「主語＋動詞」ではなく，名詞 fact を説明している that 節の中の「主語＋動詞」で，全体として名詞句を構成している。よって，名詞句の前に置かれるのは前置詞 Despite。

Exercise 2
❶ 正解：(a) the seminar is free of charge
解説：「事前に申し込みをしてください」に対して逆接 Although「〜にもかかわらず，〜ですが」となる文は，(a) の「セミナーは無料です」。接続詞の意味をしっかりと理解し，2つの文が適切な関係となるものを選ぼう。
訳：セミナーは無料ですが，事前に申し込みをしてください。
(a) セミナーは無料です／(b) セミナーに申し込まなければなりません／(c) セミナーはキャンセルされました

❷ 正解：(c) the renovations
解説：理由を表す前置詞 Due to に続くのは，名詞句。名詞句は(c)のみで，(a) も (b) も文となっているため前置詞には続かない。
訳：改装のため，週末は建物に入ることができません。
(a) 改装が始まりました／(b) 改装が予定されています／(c) 改装

❸ 正解：(b) the performance
解説：前置詞 during「〜の間」があるため，名詞句が続くが，名詞句は (b) のみ。during の後ろには，meeting「会議」や vacation「休暇」のように「始まりから終わり」がある物事が続く。よって，(b) の the performance が適切。(c) のように during の後に after を使うことはできない。
訳：公演中に座席を離れることは禁止されています。
(a) 公演が進行している／(b) 公演／(c) 公演の後

❹ (c) the construction has been delayed
解説：「新しい工場が6月1日に完成する予定」という文に，接続詞 but が続いている。このことから，予定どおりではないことが推測できる。このことを伝えているのは (c)。(a) の「始まった」は完成予定とは結びつかない。(b) の「完成した」では but につながらない。
訳：新しい工場は，6月1日に完成する予定でしたが，建設工事は遅れています。
(a) 建設工事が始まりました／(b) 建設工事が完了しました／(c) 建設工事が遅れています

Let's try!
1. 正解：(A)　解説：空欄の後ろは，the train was delayed「電車が遅れた」と主語＋動詞が続いています。よって，接続詞が適切。冒頭につけて理由を表す接続詞 (A) Because が正解。(B) の So も接続詞だが，Because や Although のように冒頭につけて2つの文をつなげることができない。(C) Due to は前置詞句，(D) Even は強調を意味する副詞。
訳：電車が1時間以上遅れたので，私たちの販売担当者は予定していた便に乗り遅れました。
語注▶ scheduled 形「予定していた」

2. 正解：(D)　解説：選択肢から，ペアを選ぶ問題だと推測できる。空欄の後方に and があるため，(D) both が適切。(A) は neither A nor B，(B) は either A or B，(C) は not only A but also B で使われる。
訳：資格のある応募者は，英語と日本語の両方で顧客に対応した経験が必須です。

3. 正解：(A)　解説：空欄の後ろに主語＋動詞が続いているため，接続詞が入る。接続詞は (A) と (D) が残るため，2つの文の意味を理解し，適切な関係を述べるものを選ぶ。前の文が「研修の資料を送る」，後ろの文が「支払いを受け取る」。これらを適切に結びつけるのは，「支払いを受けた後に資料を送る」と時間の前後関係を表す (A) after「〜の後。」
訳：支払金額を受け取った後で，参加者に研修会の資料を送ります。
語注▶ participant 名「参加者」／ payment 名「支払い」

4. 正解：(C)　解説：空欄の後には，(his) lack of 〜「〜の不足」と名詞句が続いている。よって，前置詞 (C) Despite が適切。(A) Even though は接続詞，(B) However は副詞，(D) But は接続詞。
訳：携帯電話技術の業界での彼の経験不足にもかかわらず，シラー氏は CME テクノロジーズの副社長に任命されました。

Day 11 Day 7〜Day 10 の復習

Review 1
❶ a. sharp ／ b. sharply
解説：a. は名詞 increase を説明する形容詞 sharp が適切。b. は，動詞 increased を後ろから説明する副詞 sharply が適切。
訳：a. 売上の急激な増加は，私たちの販売促進キャンペーンの結果です。／ b. 弊社の売上は過去1年間で急激に増加しています。

❷ a. submitted ／ b. will submit ／ c. was submitted
解説：a. は，before you came back「あなたが戻る前に」がヒントとなり，過去形の submitted が入る。b. は，by the end of the day tomorrow「明日中に」とあるので未来表現の will submit。c. は，主語が報告書のため，受動態の was submitted が適切。

140

訳：a. あなたが出張から戻ってくる前に私は売上報告書を提出しました。／b. 明日中に，私は人事部に履歴書を提出します。／c. 売上報告書は，私たちが徹底的にチェックした後で提出されました。

❸ a. Despite ／ b. during ／ c. while
解説：a. は空欄の後が名詞のかたまり。その後の内容と関連させると，「問題があったが，期日どおりに完成した」となる despite が適切。b. は，空欄前の「午後 10 時まで開いている」と名詞句 the holiday season「休暇シーズン」をつなげる during が入る。c. は，「メッセージを受け取った」と「出張している」を関連づける while「～の間に」が適切。
訳：a. いくつかの問題があったにもかかわらず，建物の建設は期日どおりに完成しました。／b. ビスタストアは，休暇シーズン中は午後 10 時まで開いています。／c. ジャクソンさんは出張している間に，いくつかのメッセージを受け取りました。

❹ a. who, their ／ b. which, they
解説：a. の前者は，人物を表す名詞 People と動詞 wish の間に入るのは関係代名詞 who。後者は，名詞 résumé につながる their が適切。b. の前者は，物の名詞 documents と are stored をつなぐ関係代名詞 which が入る。後者は，接続詞の後ろに続く文の主語となる they が適切。
訳：a. 職に応募したい人は，私たちに履歴書を提出しなくてはなりません。／b. 極秘であるため，この棚に保管されているすべての資料は，オフィスの外に持ち出すことが禁じられています。

Review 2

❶ 正解：reserve → reservation
解説：冠詞 a, an や the と前置詞の間には名詞が入るため，reserve → reservation が適切。

❷ 正解：proper → properly
解説：動詞 function を説明するのは，副詞 properly「正常に」。

❸ 正解：be enclosed → enclose
解説：受動態は，主語に対して動作が行われる場合に使われる。動詞から始まる命令文は，you が主語。you が enclose されるのではなく，目的語の your payment を enclose するため，be enclosed → enclose が適切。

❹ 正解：either → both
解説：either とセットになるのは or。この場合，後ろには and が入っているため，それとセットになる both が適切。

❺ 正解：While → Because（Since と As も可）
解説：「価格が変更になった」と「情報を更新する必要がある」をつなぐ接続詞は，「理由」を示す Because（Since と As も可）が適切。

Let's try!

1. 正解：(C)　解説：品詞問題。be scheduled to「～する予定である」に続くのは，動詞の原形。正解は (C) be completed。(A) 完成（名），(B) 過去・過分詞，(D) 完全に（副）。
訳：新しい工場の建設は，1 月末までに完成する予定です。

2. 正解：(C)　解説：品詞問題。「石油価格が上昇した」に続くのは，「どんなふうに上昇したか」を表す副詞。正解は (C) significantly「大幅に」。(A) ～を意味する（動），(B) かなりの（形），(D) 重大さ（名）。
訳：石油の価格は，過去数年間で大幅に上昇した。

3. 正解：(B)　解説：接続詞・前置詞問題。後ろに続くのは，文のため接続詞が入る。「スタッフが十分いない」と「追加の労働者を雇わないことを決めた」をつなげるのは，逆接の (B) Even though。
訳：販売部には十分なスタッフがいないにもかかわらず，経営陣は追加の労働者を雇わないことに決めた。
語注▶ the management「経営陣」／ additional 形「追加の」

4. 正解：(D)　解説：動詞の形の問題。主語が「含まれている」のではなく，主語が目的語の some errors を「含む」ため能動態となる。One of the documents の主語 One「1 つ」に対応する動詞は，s のつく (D) contains。
訳：その資料の 1 つは間違いを含んでいるので，すぐに訂正される必要があります。

5. 正解：(D)　解説：時制問題。キーフレーズ for the last three weeks「過去 3 週間にわたって」があるため，現在完了進行形の (D) have been working が正解。
訳：すべてのスタッフは，プロジェクトの締切に間に合わせるために，この 3 週間ずっと残業をしている。
語注▶ work overtime「残業する」／ deadline 名「締切」

6. 正解：(D)　解説：接続詞・前置詞問題。後ろに続くのは，the fact「事実」という名詞。that 以降は「どんな事実か」を説明している。よって，正解は「～という事実にもかかわらず」となる前置詞 (D) Despite。(A) During は期間を表すため，「事実」につながることはない。
訳：GS ハイブリッド車はより高いにもかかわらず，最近売上げを伸ばしています。

7. 正解：(C)　解説：代名詞問題。動詞 present「提示する」の目的語の位置に空欄がある。後ろには名詞 passport があるため，これにつながる所有格 (C) their が正解。(A) 目的格，(B) 再帰代名詞，(D) 主格。
訳：外国人旅行者は，搭乗口でパスポートを提示することを求められます。

8. 正解：(C)　解説：タイプがわかりにくい選択肢問題。空欄前に not があること，後半に but also があることから，not only A but also B「A だけでなく B も」というセットフレーズだと気づけば (C) only を選べる。
訳：ショー・ヤマグチの新しい小説は，日本の批評家からのみならず，ヨーロッパのメディアからも肯定的な評価を受けている。

Day 12　店での会話

Exercise 1

正解：❶ How may I　❷ advertisement　❸ get a refund　❹ open an account　❺ it doesn't work　❻ out of stock　❼ send, express delivery　❽ exchange, smaller
語注▶ refund 名「返金」／ account 名「口座」

Exercise 2

❶ 正解：【会話の場所】(B)　解説：open an account「口座を開く」がヒント。基本的に，銀行のみで使われる表現のため，(B) が正解。
設問訳：この会話はおそらくどこで行われていますか。／(A) 写真屋／(B) 銀行

M: Excuse me, I'd like to open an account.
W: Sure. Do you have any photo identification?

M: すみません，口座を開きたいのですが。
W: かしこまりました。何か写真付身分証明書はお持ちですか。
❷ **正解：【会話の場所】(B)**　**解説：**扱っている商品から推測する。guide books や，travel section「旅行セクション」があるのは，書店と考えるのが自然。(B) が正解。
設問訳：話し手たちはどこにいますか。／(A) 旅行代理店／**(B) 書店**

> W: Excuse me, could you tell me where I can find **guidebooks**?
> M: We have a travel section on the third floor, across from the counter.

W:すみません，ガイドブックがどこにあるか教えていただけませんか。
M:3階のカウンターの向かいの旅行セクションにあります。
語注▶ across from 〜「〜の向かいの」

❸ **正解：【問題点】(B)**　**解説：**問題は，「〜できない」「〜が問題だ」などをしっかり聞き取る。digital camera, doesn't work properly「きちんと動かない」から，正解は (B)。
設問訳：問題は何ですか。／(A) 製品を交換できない。／**(B) 製品がきちんと動かない。**

> W: Hi, I bought a digital camera here yesterday, but it **doesn't work properly**.
> M: Oh, I'm sorry to hear that. Let me check it, and if it is defective, we'll give you a replacement. Could you wait over there, please?
> W: Sure, thank you.

W:こんにちは，昨日こちらでデジカメを買ったのですが，きちんと動きません。
M:申し訳ありません。確認させていただき，もし不良品の場合は交換いたします。あちらでお待ちいただけますか。
W:わかりました。ありがとうございます。
語注▶ defective 形「欠陥がある」／ replacement 名「交換（品）」

❹ **正解：【女性の勤務先】(A)**　**解説：**扱っている商品から判断する。exchange this coat「このコートを交換する」という内容から，(A) 洋服店が正解。
設問訳：女性はおそらくどこで働いていますか。／**(A) 洋服店**／(B) 食料雑貨店

> M: Excuse me, **could I exchange this coat for a larger size**? I bought this as a present for my friend, but **the size was wrong**.
> W: Do you have a receipt? Our policy requires one for exchanges or refunds.
> M: Yes, here's the receipt.

M:すみませんが，このコートを大きなサイズに交換してもらいたいのですが。友人へのプレゼントとしてこれを買ったのですが，サイズが間違っていました。
W:レシートはお持ちですか。私どもの規則で，交換または返金にはレシートが必要となります。
M:はい，こちらがレシートです。
語注▶ exchange A for B「A を B と交換する」／ policy 名「方針」／ require 動「必要とする，要請する」／ exchange 名「交換」

Let's try!
1. 正解：(C)　**解説：**選択肢には店の種類が並んでいるため，扱っている商品を聞き取ろう。女性の最初の発言に the newest mobile phone「最新の携帯電話」とあるため，正解は (C)。appliance store は「家電製品店」のこと。
設問訳：この会話はおそらくどこで行われていますか。／(A) 洋服店／(B) 書店／**(C) 家電製品店**／(D) 食料雑貨店

2. 正解：(A)　**解説：**問題点については，「〜できない」や「〜がない」などの表現がヒントとなることが多くある。黒い携帯電話があるかどうかの質問に対して，it's currently out of stock「現在在庫がありません」と答えている。よって，正解は (A)。not available とは「手に入らない」という意味。I'm afraid … 「申し上げにくいのですが」は「好ましくないこと」を伝える際に用いる表現。
設問訳：その製品の問題は何ですか。／**(A) 手に入らない。**／(B) 故障している。／(C) 値段が高すぎる。／(D) 新品でない。

3. 正解：(B)　**解説：**女性の行動について聞き取ろう。店員の「来週の火曜日に入荷する」という内容を受けて，I'll come back next week.「来週にまた戻ってくる」と伝えている。正解は (B)。
設問訳：女性はおそらく何をしますか。／(A) 商品を注文する／**(B) 後日また店を訪れる**／(C) 別の店に行く／(D) 広告を確認する

> M: Hello, how may I help you?
> W: **I'm looking for the newest mobile phone that is available from your company**. Do you have this model in black?
> M: **I'm afraid it's currently out of stock**. We have white and blue ones. The white one is really popular, but it won't come in until next Tuesday.
> W: OK, **I'll come back next week**.

M:こんにちは，いらっしゃいませ。
W:ここで買える最新の携帯電話を探しています。黒い型はありますか。
M:申し訳ありませんが，ただ今品切れです。白か青ならございます。白は大変人気があるのですが，来週の火曜まで入荷しません。
W:わかりました。来週また来ます。
語注▶ be available from 〜「〜から購入できる」／ out of stock「在庫が切れて」／ come in「入荷する」

Day 13　電話での会話

Exercise 1
正解：❶ make an appointment　**❷** fill out　**❸** pick up
❹ postpone the meeting　**❺** repair the equipment
❻ reschedule the event　**❼** cancel the shipment
❽ set up

Exercise 2
❶ 正解：【話題】(A)　**解説：**話題は冒頭がヒントとなる。コピー機がきちんと動かないと伝えたあとで，Could you come and repair …?「来て修理していただけませんか」と依頼している。

この流れから，(A) が正解。
設問訳：話し手たちは何について話し合っていますか。／**(A) 機械を修理すること**／(B) 機器を注文すること

> W: Hi, I'm calling about the photocopier. It's not working properly. **Could you come and repair it** as soon as possible?
> M: We are busy this afternoon, but I'll send someone first thing tomorrow morning.

W: こんにちは。コピー機のことで電話をしています。正常に動いていないのです。できるだけ早く来て，修理をしていただけませんか？
M: 今日の午後は忙しいので，明日の朝一番で，誰かをそちらに送ります。
語注▶ first thing tomorrow morning「明日の朝一番に」

❷ **正解**：【**電話の目的**】(A)　**解説**：電話をしている目的は，冒頭で話される。I have an appointment ... but I'd like to reschedule it.「予約をしているのですが，予定を変更したい」という内容から，(A) が正解。
設問訳：なぜ男性は電話をしているのですか。／**(A) 予約を変更するため**／(B) 予約をキャンセルするため

> M: Hi, I have an appointment with Dr. Jackson at 2:00 P.M. tomorrow, but **I'd like to reschedule it**.
> W: Certainly. When would you like to come?

M: こんにちは。明日の午後2時にジャクソン先生との予約があるのですが，変更をお願いしたいのです。
W: かしこまりました。いつおいでになりたいですか。

❸ **正解**：【**女性の依頼**】(A)　**解説**：女性が依頼している内容を聞き取る。「携帯電話の準備ができたことをお知らせするため」と電話の目的を伝えた後，Could you ...?「～していただけませんか」という依頼表現がある。come and pick it up at the counter「カウンターに取りに来てください」という内容から，正解はこれをやや言い換えている (A)。
設問訳：女性は男性に何をするように依頼していますか。／**(A) 店を訪問する**／(B) 用紙に記入する

> W: Hi, Mr. Park. I'm Nina West from the KS Store. I'm calling to let you know that your mobile phone is ready. **Could you come and pick it up at the counter**?
> M: Oh, thank you. What time do you close tomorrow?
> W: We are open until 7:00 P.M. tomorrow.

W: こんにちは，パークさん。KSストアのニーナ・ウエストです。ご注文の携帯電話の準備ができたことをお知らせするためにお電話いたしております。カウンターに取りに来ていただけますか。
M: それはどうも。明日は何時に閉店しますか。
W: 明日は午後7時まで営業しています。
語注▶ pick up「受け取る」

❹ **正解**：【**男性の提案**】(B)　**解説**：男性の提案表現を聞く。「新しいシステム」に関する話で会話が始まっている。後半で，Why don't you ...?「～してはいかがですか」という提案表現があり，その内容の ask Robert「ロバートに聞く」がヒント。Robert を colleague「同僚」と言い換えている (B) が正解。

設問訳：男性は女性に何をするよう提案していますか。／(A) システムについてマニュアルを読む／**(B) システムについて同僚に尋ねる**

> M: Hi Laura. This is Tony from accounting. I'm calling about your employee data. Now that we're on the new system, you have to enter information by yourself.
> W: I'm not sure how to do it. Is there some kind of manual?
> M: **Why don't you ask Robert**? He did it yesterday, so he can tell you how to do it.

M: こんにちは，ローラ。経理課のトニーです。社員データの件で電話しています。新しいシステムに切り替わりましたので，ご自身で情報を入力してください。
W: 入力のし方がよくわかりません。マニュアルを見ることはできますか。
M: ロバートに聞いてみてはいかがですか。昨日入力していたので，使い方を知っていますよ。
語注▶ accounting 图「経理（課）」／ employee 图「従業員」

Let's try!

1. 正解：(A)　**解説**：話題については冒頭をしっかりと聞き取ろう。フライトが遅れたため，会議の時間に間に合わないと伝えた後で，Could we postpone it ...?「延期できますでしょうか」とある。よって，正解は (A)。内容を理解しないと解けない。
設問訳：話し手たちはおそらく何について話していますか。／**(A) 会議を延期すること**／(B) 飛行機の予約をすること／(C) 顧客と会うこと／(D) プロジェクターを注文すること

2. 正解：(D)　**解説**：女性の依頼表現がヒントとなる。後半の女性の発言に，Could you ...? と依頼表現があり，set up the projector「プロジェクターの準備をする」と内容が続く。正解は (D)。projector を equipment「機器」と言い換えている。
設問訳：女性は男性に何をするように頼んでいますか。／(A) 会社に戻る／(B) 発送をキャンセルする／(C) コピーを取る／**(D) 機器を設定する**

3. 正解：(D)　**解説**：営業部が部屋を使う時間をピンポイントで聞き取る。男性の最後の発言に，The sales department is using the room from 5:00 ...「営業部が5時から部屋を使う」とあるため，正解は (D)。聞き逃さないように注意しよう。
設問訳：営業部は何時からその部屋を使いますか。／(A) 午後2時／(B) 午後3時／(C) 午後4時／**(D) 午後5時**

> W: Hi, Ronald. This is Jane. I'm afraid I won't be able to come to the 2:00 meeting on time because my flight has been delayed. **Could we postpone it for about an hour**?
> M: OK. I'll tell everyone about it.
> W: Thank you. Also, **could you set up the projector** so that we can start the meeting as soon as I arrive at the office?
> M: Sure. **The sales department is using the room from 5:00**, so we have to finish by then.

W: こんにちは，ロナルド。ジェーンです。申し訳ありませんが，飛行機が遅れているので，2時のミーティングに間に合いません。1時間ほど後ろにずらすことができますでしょうか。
M: わかりました。皆に伝えておきます。
W: ありがとうございます。それから，会社に着いてすぐに会議

が始められるように，プロジェクターの準備をしておいていただけますか。
M:わかりました。営業部が5時から部屋を使うことになっていますので，それまでに終わらせなくてはいけません。

語注▶ on time「時間どおりに」／ postpone 動「延期する」／ set up「（使えるように）準備する」

Day 14　屋外や交通機関での会話

Exercise 1
正解：❶ how to get　❷ has been delayed
❸ already left　❹ take, express　❺ missed the flight
❻ extra charge　❼ still available　❽ for updates

Exercise 2
❶ 正解：【男性の職業】(B)　解説：女性が I missed the connecting flight …「接続便に乗り遅れた」と伝えており，それに対して男性が飛行機の手配をしようとしている。このやり取りから，正解は (B)。
設問訳：男性はおそらく誰ですか。／(A) 駅員／**(B) 航空会社の職員**

> W: Excuse me, **I missed the connecting flight** to Malaysia. Can I get on **a later flight**?
> M: Well, we don't have a **direct flight** at this time of day, but there are **a few flights** via Seoul. Would that be OK?

W:すみませんが，マレーシア行きの接続便に乗り遅れました。この後の便に乗れますか。
M:この時間帯ですと直行便はありません。ただソウル経由のものが2，3便あります。それでもよろしいですか。

語注▶ connecting flight「接続便」／ direct flight「直行便」

❷ 正解：【男性の質問】(A)　解説：男性の質問をしっかりと聞く。冒頭で，I'd like to go to the museum … と行きたい場所を伝え，could you tell me how to get there?「そこへの行き方を教えていただけますか」と道を聞いている。これを表しているのが，directions「道順」と言い換えた (A)。
設問訳：男性は何をたずねていますか。／**(A) 博物館への道順**／(B) 博物館の営業時間

> M: Excuse me, I'd like to **go to the museum**, and **could you tell me how to get there**? I need to be there by 2:00.
> W: Sure. Walk down this street for about three minutes, and you'll find the post office on your right. The museum is behind the building.

M:すみません。博物館へ行きたいのですが，行き方を教えていただけませんか。2時までにそこに行く必要があるのです。
W:いいですよ。この通りを3分ほど歩くと，右側に郵便局が見えます。その建物の裏が博物館です。

語注▶ get 動「到着する」

❸ 正解：【電車が遅れる時間】(A)　解説：電車の遅れの時間をピンポイントで聞き取る。男性が，It will be arriving here about 10 minutes behind schedule と「予定より10分遅れて到着します」と伝えているため，正解は (A)。

設問訳：電車はどのくらいの時間遅れますか。／**(A) 10分**／(B) 60分

> W: Excuse me, has the 10 o'clock train to the airport left already?
> M: No, it's been delayed due to mechanical trouble. **It will be arriving here about 10 minutes behind schedule**.
> W: Oh, OK. Then I'll arrive at the airport at about eleven-thirty.

W:すみません。10時の空港行きの電車はもう出てしまいましたか。
M:いいえ，機械のトラブルのために遅れています。予定より10分遅れて到着します。
W:そうですか。それなら空港には11時30分くらいに着きますね。

❹ 正解：【追加料金を払う理由】(A)　解説：追加料金に関する内容と，払う理由を聞き取る。理由を伝える because「〜なので」以降を聞くと，because the holiday rate will be applied, an extra charge will be added「休暇料金が適用されるため，追加料金が加わる」とある。これを言い換えている (A) が正解。
設問訳：女性はなぜ追加料金を払う必要があるのですか。／**(A) 乗車券が特別料金で売られている。**／(B) 彼女は会員証を持っていない。

> W: Hi, I'd like to take the express train at 3:30. Are tickets still available?
> M: Yes. But **because the holiday rate will be applied, an extra charge will be added to the normal fare**. It'll be 26 dollars.
> W: That's fine. Do you accept credit cards?

W:こんにちは，3時30分の特急に乗りたいのですが，乗車券はまだありますか。
M:はい。ただ休日料金が適用されますので，通常運賃に追加料金が加わります。26ドルとなります。
W:わかりました。クレジットカードは使えますか。

語注▶ apply 動「適用する」

Let's try!
1. 正解：(B)　解説：会話の場所は冒頭の単語やフレーズから推測しよう。train や take the 471 express から，駅であることがわかる。
設問訳：話し手たちはおそらくどこにいますか。／(A) 空港／**(B) 駅**／(C) 博物館／(D) 映画館

2. 正解：(B)　解説：交通機関であることがわかれば，問題も絞り込める。behind schedule「遅れて」とは，delay「遅れ」の同義語。交通機関の主な問題は「遅れ」であることも頭に入れておこう。
設問訳：何が問題ですか。／(A) 彼女は乗車券をなくした。／**(B) 運行が遅れている。**／(C) 彼女が約束の時間に遅れている。／(D) 場所の変更がある。

3. 正解：(C)　解説：男性の提案をしっかりと聞く。後半に please check the board from time to time for updates とある。updates「更新情報」を少し言い換えている (C) が正解。
設問訳：男性は女性に何をするよう提案していますか。／(A) 別のカウンターに行く／(B) 手伝いを求める／**(C) 更新情報**

を確認する／(D) その場所で待つ
語注▶ from time to time「時々」

> W: Excuse me. **Could you tell me where I need to go for my train**? I'd like to **take the 471 express** at 11:00. Am I in the right place?
> M: Yes, but **the express is running behind schedule** due to some mechanical trouble.
> W: Do you know when it will arrive?
> M: It's expected to arrive here in thirty minutes, but **please check the board from time to time for updates**.

W:すみません。乗りたい電車の場所にどう行けばいいか教えていただけますか。11 時発の特急 471 号に乗りたいのです。ここで合っていますか。
M:はい。ただ機械のトラブルで予定より遅れています。
W:いつ到着するかわかりますか。
M:30 分後に到着の予定ですが，時々掲示板で最新情報を確認してください。

Day 15 オフィスでの会話

Exercise 1
正解：❶ Something is wrong　❷ running out of
❸ What do you think　❹ leave the company
❺ take over　❻ attend the meeting　❼ discuss, plan
❽ explain, details

Exercise 2
❶ 正解：【問題点】(A)　解説：女性の発言にある Something's wrong with the photocopier.「コピー機の調子がおかしい」や，男性の have it fixed「修理してもらう」から，正解は (A)。
設問訳：機械の問題は何ですか。／**(A) 故障している。**／(B) 紙が不足している。

> W: **Something's wrong with the photocopier. It must be out of order again**. We have to make a lot of copies for tomorrow's meeting.
> M: I'll call the maintenance person to have it fixed. Why don't you use the one downstairs? But don't forget to take some copy paper with you.

W:コピー機の調子がおかしいです。また壊れたに違いありません。明日の会議のためにたくさん刷らないといけないのです。
M:修理してもらうため保守係に電話してみます。下のコピー機を使ったらいかがですか。でも，コピー用紙を持って行くことを忘れないようにね。
語注▶ fix 動「修理する」／ downstairs 副「階下の」
❷ 正解：【ファイルの場所】(B)　解説：男性の質問に対して，女性が I saw it on Susan's desk.「スーザンの机の上で見た」と答えているため正解は (B)。
設問訳：契約書のファイルはおそらくどこにありますか。／(A) キャビネットの中／**(B) 机の上**

> M: Where's the contract file for the current project? I checked the cabinet, but I can't find it.
> W: **I saw it on Susan's desk**. She's been working on it.

M:現在のプロジェクトの契約書のファイルはどこにありますか。キャビネットを見てみたのですが，見つかりません。
W:スーザンの机の上で見ました。彼女はそのファイルに取り組んでいます。
語注▶ current 形「現在の」
❸ 正解：【男性の行動】(B)　解説：プレゼンテーションの感想を聞いた男性に対して，女性が you should make it shorter「短くすべき」とアドバイスしている。男性も I should remove some of the data …「データをいくつか削除したほうがよい」と応じているため，正解は (B)。
設問訳：男性はおそらく後で何をしますか。／(A) エラーを見つけるためにデータをチェックする／**(B) 内容を部分的に減らす**

> M: Hi, Donna. What did you think about the presentation?
> W: The content was really good, but **there seemed to be** too much, **so you should make it shorter**.
> M: Maybe **I should remove some of the data** and make the presentation simpler. I'll revise it soon, so could you check it again later?

M:こんにちは，ドナ。プレゼンテーションについてどう思いましたか。
W:内容はとても良かったのですが，長すぎる気がするので，もっと短くするべきです。
W:おそらくデータをいくらか削除してプレゼンテーションをもっとシンプルにすべきですね。すぐに修正するので，後でまたチェックしていただけますか。
語注▶ content 名「内容」／ remove 動「取り除く」
❹ 正解：【話題】(A)　解説：「コートニーが会社を辞める」という内容で始まり，someone has to take over her position「誰かが引き継がなければいけない」と続いている。男性の Why don't you apply for it?「応募してみたらどうか」と，引き継ぎを助言している。正解は，「仕事の空き」を示す (A)。
設問訳：話し手たちは何について話し合っていますか。／**(A) 求人**／(B) 退職パーティー

> M: Did you hear that Courtney is leaving the company soon?
> W: Yes, and **someone has to take over her position**. Her job seems very interesting.
> M: You have a lot of experience. **Why don't you apply for it**?
> W: Thanks. But first, I need to take a look at the job requirements.

M:コートニーがもうすぐ会社を辞めると聞きましたか。
W:はい，それに誰かが彼女の仕事を引き継がないといけません。彼女の仕事はとてもおもしろそうです。
M:あなたはたくさんの経験があるので，応募してみたらどうですか。
W:ありがとう。でも，まず職務要件を見てみる必要があります。

語注 ▶ apply for 〜「〜に応募する」／ job requirements「職務要件」

Let's try!

1. 正解：(A)　解説：話題については冒頭をしっかりと聞き取る。女性が，「会議に出ましたか」と質問しているため，会議に関する話が展開することがわかる。正解は (A)。
設問訳：話し手たちは何について話していますか。／ **(A) 会議**／ (B) 新しい顧客／ (C) スポーツイベント／ (D) コンピューターの問題

2. 正解：(C)　解説：男性の発言にある申し出をチェックする。会議の内容（販売促進キャンペーンに関する変更）を伝えた後，I'll explain it to you ...「説明します」と述べている。
設問訳：男性は何をすると申し出ていますか。／ (A) 女性と一緒に会議の予定を変更する／ (B) 資料を変更する／ **(C) 会議について女性に話す**／ (D) 顧客と連絡を取る

3. 正解：(D)　解説：2人が会う時間を聞き取る。後半で女性が Are you available at 4:00?「4時は空いていますか」と聞き，男性は Sure.「もちろん」と合意している。よって，正解は (D)。
設問訳：話し手たちはいつ会いますか。／ (A) 昼休みの間／ (B) 午後 2 時／ (C) 午後 3 時／ **(D) 午後 4 時**

> W: Luis, <u>did you attend the meeting this morning</u>? I wasn't able to go because I had to see a few of my clients.
> M: Yes, there are some important changes to the upcoming promotional campaign. If you have time, <u>I'll explain it to you</u> over lunch.
> W: Thanks. But I'm on my way out and won't be back until 3:00. <u>Are you available at 4:00</u>?
> M: Sure. Let's meet at my desk then.

W: ルイス，今朝の会議に出席しましたか。私は数人の顧客に会う必要があって行けませんでした。
M: はい。今度の販売促進キャンペーンに重要な変更が何点かあります。時間があるなら，お昼を食べながら説明します。
W: ありがとう。でも今外出するところで，3時まで戻りません。4時は空いていますか。
M: もちろん。私の机のところで会いましょう。

語注 ▶ promotional campaign「販売促進キャンペーン」／ explain 動「説明する」

Day 16　留守番電話

Exercise 1

正解：❶ This is, calling　❷ confirm, reservation　❸ inform　❹ make, appointment　❺ conference room　❻ pick up　❼ call me back　❽ copy, passport

Exercise 2

❶ **正解：(A)**　解説：留守番電話の冒頭は，「This is 名前 from 会社名」が基本となる。会社名に West Real Estate「ウエスト不動産」とあるため，正解は (A)。
設問訳：誰が電話をしていますか。／ **(A) 不動産代理店の社員**／ (B) 旅行代理店の社員

> Hello, Ms. Lee. This is Wendy Park <u>from West Real Estate</u>. I'm calling to make an appointment to look at the apartment on Border Street.

もしもし，リーさん。こちらはウエスト不動産のウェンディ・パークです。ボーダー通りのアパートを見に行くお約束をするためにお電話をしています。

❷ **正解：(A)**　解説：電話の目的は，名乗った後に伝えられるのが基本。I'm calling to let you know that ...「〜をお知らせするためにお電話しています」に続く内容が目的となる。内容は，we need to reschedule tomorrow's meeting「明日の会議の予定を変更する必要がある」であり，正解は (A)。
設問訳：電話の目的は何ですか。／ **(A) 会議の予定を変更する**／ (B) 販売成績を報告する

> Hi, Kelly. This is Ronald. <u>I'm calling to let you know that we need to reschedule tomorrow's meeting</u>. The sales results won't be ready until Thursday morning. Are you available on Thursday afternoon? Could you please call me back as soon as possible?

もしもし，ケリー。ロナルドです。明日の会議の予定を変更する必要があるのをお知らせするためにお電話しています。販売結果は木曜日の朝まで用意できません。木曜日の午後は空いていますか。できるだけ早く折り返しお電話いただけますか。
語注 ▶ available 形「（手が）あいている」／ as soon as possible「できるだけ早く」

❸ **正解：(A)**　解説：電話をかけた理由は，名乗った後に続く。Your order has arrived「注文品が届いた」，please come and pick it up「取りに来てください」を合わせた (A) が正解。後半の時間は変更ではなく，営業時間を伝えているだけ。
設問訳：チェンさんはなぜ電話をしているのですか。／ **(A) 注文品を渡す準備ができているから。**／ (B) 営業時間が変更になっているから。

> Hello, Mr. Hansen. This is Amy Cheng calling from Fulton Florist. <u>Your order has arrived, so please come and pick it up</u> at your earliest convenience. We are open from 10:00 A.M. to 7:00 P.M., Monday through Friday. Thank you very much for shopping at Fulton Florist.

もしもし，ハンセンさん。フルトン花店のエイミー・チェンです。ご注文の品が届きましたので，ご都合のよろしい時に取りに来てください。営業時間は月曜から金曜の午前 10 時から午後 7 時です。この度はフルトン花店でお買い上げいただきありがとうございました。
語注 ▶ florist 名「花屋」

❹ **正解：(A)**　解説：依頼内容を特定する。後半に please send us a copy of your passport「パスポートのコピーをお送りください」と依頼がある。これを言い換えている (A) が正解。
設問訳：ベックさんは何をするように頼まれていますか。／ **(A) 書類を送る**／ (B) 計画を変更する

This message is for Mr. Ronald Beck. This is Paul Wellington from HT Travel. I'm calling about your travel plans. There are some seats available for the flight departing on the morning of October 15. If you wish to reserve a seat, **please send us a copy of your passport** as soon as possible. If you have any questions, please call us at 555-1221. Thank you.

このメッセージはロナルド・ベックさん宛です。こちらは HT トラベルのポール・ウェリントンです。ご旅行の計画についてお電話しています。10月15日の朝に出発する便の座席が空いております。お席を予約なさりたい場合は、できるだけお早めにパスポートのコピーをこちらにお送りください。何かご質問がございましたら、555-1221にお電話ください。失礼します。
語注▶ depart 動「出発する」

Let's try!
1. 正解：(B)　解説：電話の目的が問われている。I'm calling about next week's meeting, and I'd like to let you know that the meeting's location has been changed. とある。「会議の場所を変更した」ことを言い換えている (B) の「更新された情報を与える」が正解。
設問訳：電話の目的は何ですか。／(A) 意見を聞く／**(B) 更新された情報を与える**／(C) 割引を申し出る／(D) 計画を提案する
2. 正解：(C)　解説：会議が開かれる場所が問われている。ピンポイントで聞き取ることが求められる。we'll use the conference room on the second floor とはっきり述べられているため (C) が正解。not the meeting space とあるため、(A) ではない。not に注意しよう。
設問訳：会議はおそらくどこで行われるでしょうか。／(A) ミーティングスペースで／(B) ロジャーズさんのオフィスで／**(C) 会議室で**／(D) ベックさんのオフィスで
3. 正解：(D)　解説：ロジャーズさんが依頼されている内容が問われている。冒頭で Hello, Ms. Rogers. とあるため、ロジャーズさんとは、電話を受けた人のこと。後半に Could you ...? と、依頼表現があり、その内容が tell everyone in your department about the change である。少し言い換えている (D) が正解である。
設問訳：ロジャーズさんは何をするように頼まれていますか。／(A) プロジェクターを持ってくる／(B) ベックさんのオフィスを訪ねる／(C) 会議室を準備する／**(D) 彼女の部署の人たちと話す**

Hello, Ms. Rogers. This is Alex Reynolds from the marketing department. I'm calling about next week's meeting, and **I'd like to let you know that the meeting's location has been changed**. Since we have more than ten people, **we'll use the conference room on the second floor**, not the meeting space on the third floor. The room has a screen and projector, so all you need to bring are a laptop and cable. **Could you tell everyone in your department about the change**? If you have any questions, please call me at extension 322. Thank you.

もしもし、ロジャーズさん。こちらはマーケティング部のアレックス・レイノルズです。来週の会議について、お電話していま

す。会議の場所が変更になったことをお知らせいたします。10人以上いますので、3階のミーティングスペースではなく、2階の会議室を使用します。この部屋にはスクリーンとプロジェクターがあるので、持ってくる必要があるのはノートパソコンとケーブルだけです。あなたの部署のみなさんにこの変更について伝えていただけますか。もし質問があれば、内線322の私あてにお電話ください。よろしくお願いします。
語注▶ location 名「場所」

Day 17　アナウンス

Exercise 1
❶ attending　❷ Thank you for shopping
❸ passengers　❹ some changes　❺ canceled due to
❻ scheduled for　❼ apologize for　❽ posted
❾ introduce yourself
語注▶ passenger 名「乗客」／ apologize for ～「～をわびる」／ post 動「掲示する」

Exercise 2
❶ **正解：(B)　解説：**出だしに Thank you very much for shopping「お買い物ありがとうございます」とあるため、正解は (B)。
設問訳：このアナウンスが聞かれるのはおそらくどこですか。／(A) 博物館／**(B) 店**

Thank you very much for shopping with us today. Due to renovations, **the store will be closed** tomorrow morning, and will open at 1:00 P.M. We appreciate your understanding.

本日はご来店いただきありがとうございます。改装工事のため、明日午前中は閉店させていただき、午後1時からの開店となります。ご理解いただきますようお願いいたします。
語注▶ renovation 名「改装（工事）」
❷ **正解：(A)　解説：**The next train ... is delayed「次の電車は遅れています」とあることから、(A) が正解。
設問訳：アナウンスの目的は何ですか。／**(A) 遅れを報告すること**／(B) 乗客に電車に乗るように伝えること

Attention passengers. **The next train bound for Bradley International Airport is delayed** due to mechanical trouble. It will be arriving here in forty-five minutes, thirty minutes behind schedule. We apologize for any inconvenience this may cause you.

お客様にお知らせいたします。次のブラッドリー国際空港行きの列車は、機械のトラブルのため遅れております。当駅には45分後に到着し、予定より30分の遅れとなります。ご迷惑をおかけし申し訳ありません。
語注▶ bound for ～「～行きの」／ inconvenience 名「不便さ」
❸ **正解：(B)　解説：**冒頭のお礼の後、All of you will take part in various kinds of activities to become a great public speaker「皆さんは、すばらしい講演者になるために様々な活動に参加していただきます」とある。よって、(B) が正解。

設問訳：聞き手たちは何について学習しますか。／(A) 本の書き方／**(B) 人前での話し方**

> Thank you for attending this workshop. All of you will take part in **various kinds of activities to become a great public speaker**. Now, let's start with the introduction session. You have one minute to introduce yourself to your group members. But before that, please open your book to page 4, and let's see what is important for an impressive introduction.

この研修にご出席いただきありがとうございます。皆さんにはすばらしい講演者になるための様々な活動に参加していただきます。では、自己紹介から始めましょう。これから1分間、自分のグループのメンバーに自己紹介をしていただきます。しかし、その前にテキストの4ページを開いて、印象に残る自己紹介をするために大切なことを見てみましょう。

語注▶ take part in ~「~に参加する」／impressive 形「印象に残る（ほどすばらしい）」

❹ **正解：(A)** 解説：「ロビーでするように言われていること」をピンポイントで聞き取る。後半に、If there are any other changes「もし他の変更がある場合は」とあり、続いて posted in the lobby, so please check there「ロビーに貼られるので、確認してください」と依頼している。そのため、正解は (A)。

設問訳：聞き手たちはロビーで何をするように言われますか。／**(A) プログラムの変更点を確認する**／(B) プログラムとポスターを購入する

> Thank you very much for coming to our fifth annual charity concert. Before we begin, I'd like to announce one change in the program. Please look at the screen. The first and second groups have been switched. **If there are any other changes, they will be posted in the lobby, so please check there**. Thank you.

5周年記念のチャリティコンサートにお越しいただき、ありがとうございます。始める前に、プログラムの変更を1点お知らせいたします。スクリーンをご覧ください。1番目と2番目のグループの順番が入れ替わります。追加の変更がある場合は、ロビーに掲示いたしますのでそこで確認してください。ありがとうございます。

語注▶ switch 動「入れ替える」

Let's try!

1. 正解：(C) 解説：アナウンスの目的に関する問題。冒頭の I have an announcement to make. の後に内容が続いている。2文目の we've been having problems with the air conditioner ... という内容と、3文目の内容 We are going to have it repaired. がヒント。「エアコンに問題があり、それを修理する」ことを言い換えている (C) が正解。

設問訳：アナウンスの目的は何ですか。／(A) スケジュールを変更すること／(B) 販売のためのプレゼンテーションの準備をすること／**(C) 機器が修理されることを知らせること**／(D) 会議を始めること

2. 正解：(D) 解説：When で始まる詳細情報問題。キーワード「作業が予定されている」曜日を聞き取る。4文目に The repair work is scheduled for this Friday. とあるため、正解は (D)。

平日の曜日は言い換えられないため、確実に正解したい。

設問訳：作業はいつ行われる予定ですか。／(A) 月曜日／(B) 火曜日／(C) 木曜日／**(D) 金曜日**

3. 正解：(A) 解説：依頼内容に関する情報は、依頼表現に注意して聞く。後半に If you are planning to have meetings with clients this week, please use another room. とある。please が依頼表現となり、その後の内容が依頼内容となる。正解は (A)。

設問訳：聞き手たちは何をするように依頼されていますか。／**(A) 別の部屋を使用する**／(B) 会議に出席する／(C) エアコンを消す／(D) 申込書に記入する

> Before we close the meeting, I have an announcement to make. As you know, **we've been having problems with the air conditioner** in the conference room since Monday. **We are going to have it repaired. The repair work is scheduled for this Friday.** It will most likely take all afternoon. So we won't be able to use the room until the work has been completed. **If you are planning to have meetings with clients this week, please use another room.** If you have any questions, please contact Patrick Gordon in the maintenance department.

会議を終える前に、お伝えすることが1つあります。ご存じのとおり、月曜日から会議室のエアコンが故障しており、修理してもらう予定です。修理は今度の金曜日です。おそらく午後いっぱいかかります。そのため、作業が終わるまでは、会議室を使用できません。今週クライアントと会う予定の人は、別の部屋を使ってください。何かご質問があれば、維持管理課のパトリック・ゴードンにご連絡ください。

語注▶ make an announcement「発表する」

Day 18 ラジオ放送
（広告／天気予報／交通情報／ニュース）

Exercise 1

❶ traffic report　❷ closed to　❸ weather forecast
❹ temperature　❺ listeners　❻ merger talks
❼ lasts until　❽ up to

語注▶ temperature 名「気温」／ merger 名「合併」

Exercise 2

❶ **正解：(B)** 解説：ここ数日の天気の後、we will have a clear skies this weekend.「今週末は晴れるでしょう」とある。

設問訳：今週末の天気はどうなりそうですか。／(A) 雨／**(B) 晴れ**

> And now the one-o'clock weather forecast. The rain we've been having over the last few days will end today, and we **will have clear skies this weekend**. We can expect comfortable temperatures all day. It'll be a perfect day for a hike in the mountains.

では、1時の天気予報です。ここ2、3日降り続いている雨は今日には止み、今週末は晴天に恵まれるでしょう。1日中快適な気温となりそうです。山道のハイキングには最適の日になりそうです。

❷ 正解：(B)　解説：キーワード First Avenue と閉鎖の理由を伝える表現を聞き取る。First Avenue is now closed の後で，due to road repair work「道路の改修工事のため」とあるため，(B)が正解。
設問訳：一番街はなぜ通行止めになっているのですか。／(A) 暴風雨のため／(B) 補修工事のため

Good morning, I'm Peter Dotson with the traffic report. **First Avenue is now closed to traffic due to road repair work**. It'll be back to normal by 4 P.M. If you are going to the eastern parts of the city, you should take an alternative route.

おはようございます。ピーター・ダットソンが交通情報をお伝えします。一番街は現在補修工事のため，通行止めになっています。午後4時までには平常に戻る予定です。市内東部に向かわれる方は別ルートをご利用ください。
語注▶ be closed to traffic「通行止めになる」／ alternative 形「代替の」

❸ 正解：(A)　解説：番組名と自己紹介の後，The merger ... was completed yesterday.「昨日〜の合併が完了しました」とあるため，正解は (A)。
設問訳：ニュースのトピックは何ですか。／(A) 企業合併／(B) 新しいセキュリティシステム

Good afternoon. HG Radio News, this is Emily Houston. **The merger between Tully Technology Services and PLG Systems was completed yesterday**. The new company can now offer services to companies ranging from family-owned businesses to large corporations.

こんにちは。HG ラジオニュースのエミリー・ヒューストンです。昨日，タリー・テクノロジー・サービスと PLG システムズの合併が完了しました。新会社は，家族経営の小企業から大企業にまでサービスを提供できるようになります。
語注▶ range from A to B「A から B に及ぶ」／ family-owned business「家族経営の小企業」

❹ 正解：(B)　解説：The sale lasts until next Sunday.「セールは来週の日曜日まで続きます」とあるため，終わる日は (B)。
設問訳：セールはいつ終了しますか。／(A) 月曜日／(B) 日曜日

It's the beginning of the camping season. Starting this Monday at GP Mart, we will be having a camping gear sale. **The sale lasts until next Sunday**. You can save up to 50% on all items in the store. Remember, the sale only lasts for a week, so hurry to your nearest GP Mart.

キャンプシーズンの到来です。今週の月曜日から，GP マートではキャンプ用品のセールを始めます。セールは来週日曜日まで。店内の全製品が 50％オフ。お忘れなく，セールはたったの1週間です。お近くの GP マートにお急ぎください。
語注▶ camping gear「キャンピング用品」／ last 動「続く」

Let's try!

1. 正解：(C)　解説：宣伝されている会社の業種が問われている。冒頭から概要をつかむこと。興味を持たせるための問いかけの後で，HT Airlines is now offering ... とある。会社名に Airlines「航空会社」とあるため，正解は (C)。リゾートに関する内容ではあるが，旅行会社やホテルではない。
設問訳：どのような会社が宣伝されていますか。／(A) レンタカーショップ／(B) 旅行代理店／(C) 航空会社／(D) リゾートホテル

2. 正解：(D)　解説：割引に関する数字をピンポイントで聞き取ることが求められている。4文目の後半に the discounts are up to 60 percent off the regular price! とある。up to は「最大で」という意味であるため，正解は (D)。それ以外の数字は出てこないため，60 を聞き取れれば解ける問題だ。
設問訳：広告によると最大割引はどのくらいですか。／(A) 30 パーセント／(B) 40 パーセント／(C) 50 パーセント／(D) 60 パーセント

3. 正解：(A)　解説：追加情報が欲しい場合については，通常後半で述べられることを覚えておこう。最後の For further information をヒントに，その後を聞き取る。please go to our Web site とある上，さらにアドレスが伝えられているため，正解は (A)。
設問訳：聞き手たちはどのようにしてさらに情報を得ることができますか。／(A) ウェブサイトを見ることによって／(B) 会社を訪れることによって／(C) パンフレットを読むことによって／(D) ラジオを聞くことによって
語注▶ brochure 名「パンフレット」

Planning a family trip? Wouldn't you like to spend quality time with your family on a resort island? **HT Airlines is now offering special discounts** for families taking flights to several resort islands in the Pacific. This offer lasts until the end of the year, and **the discounts are up to 60 percent off** the regular price! **For further information, please go to our Web site, www.HTA.com**. Save money, and enjoy your vacation.

家族旅行をお考えですか。リゾートアイランドで家族との充実した時間を過ごしませんか。HT 航空では，現在太平洋のリゾートアイランド行きの便をご利用いただく家族を対象とした特別割引を実施しています。この特典は年末まで続き，通常価格より最大 60％もお得です！詳しくはホームページ www. HTA.com をご覧ください。節約をして，休暇をお楽しみください。
語注▶ quality time「上質の時間」

Day 19　ツアー・トーク・スピーチ（美術館／工場／オリエンテーション）

Exercise 1

❶ your guide　❷ tour, museum　❸ At the end
❹ introduce　❺ Following　❻ Before we begin
❼ awards ceremony　❽ welcoming

Exercise 2

❶ 正解：(B)　解説：歓迎の言葉の後，I'm your guide, Lisa Thompson.「ガイドのリサ・トンプソンです」と自己紹介している。
設問訳：話し手は誰ですか。／(A) 芸術家／(B) ツアーガイド

149

Welcome to the special tour here at the National Museum of Art. **I'm your guide**, Lisa Thompson. The tour will last approximately two hours. At the end of the tour, you can buy postcards or framed paintings at the gift shop.

国立美術博物館の特別ツアーへようこそ。ガイドのリサ・トンプソンです。ツアーの所要時間は約2時間です。ツアーの最後に，ギフトショップで絵葉書か額付きの絵画を買うことができます。

語注▶ framed 形「枠の付いた」

❷ **正解：(A)** **解説：** 自己紹介の中で，I'll be your guide for the factory tour today.「本日の工場見学のガイドを務める」とある。

設問訳： この話は，おそらくどこで聞かれますか。／**(A) 工場**／(B) 体育館

Welcome to Jason Corporation. I'm Peter Coleman, and **I'll be your guide for the factory tour** today. First, we are going to listen to our production department manager. Right after lunch, we'll move on to the assembly line, where you'll see state-of-the-art equipment.

ジェイソン・コーポレーションへようこそ。本日工場見学のガイドを務めるピーター・コールマンです。はじめに製造部長からの話を聞きます。昼食後すぐに組み立てラインへ移動し，そこで最新設備を見学します。

語注▶ move on to ~「~に移動する」／ the assembly line「組み立てライン」／ state-of-the-art 形「最新の」

❸ **正解：(A)** **解説：** Who ... intended for? はアナウンスの聞き手を問う問題。冒頭で We are now starting the new employee orientation.「今から新入社員オリエンテーションを始めます」とあるため，正解は (A)。

設問訳： この話は誰に向けたものですか。／**(A) 新入社員**／(B) 会社の重役

Hi, everyone. **We are now starting the new employee orientation**. But before we begin, I'll explain today's schedule. First, Hillary Wise, our CEO, will give a welcome speech. Following her speech, you will spend about an hour touring the facility. You are not allowed to enter the building without your identification badge.

みなさん，こんにちは。今から新入社員のオリエンテーションを始めます。始める前に本日のスケジュールを説明します。最初に，最高経営責任者のヒラリー・ワイズが歓迎スピーチを行います。スピーチの後，約1時間かけて会社の施設を見学します。IDバッジなしでは，建物に入ることが許可されておりません。

語注▶ facility 名「施設」

❹ **正解：(B)** 後半に，as a district manager for the past five years「ここ5年間は地域マネジャーとして」とある。

設問訳： グリフィ氏は，どのくらいの期間マネジャーをしていますか。／(A) 3年間／**(B) 5年間**

Thank you for attending the awards ceremony. I am honored to introduce Kent Griffey. Mr. Griffey is a longtime employee here at Forest Design Corporation. He has been contributing to our company's growth **as a district manager for the past five years**. He'll give us a few words. Now, ladies and gentlemen, please join me in welcoming Mr. Kent Griffey.

表彰式にご出席いただき，ありがとうございます。ケント・グリフィ氏をご紹介できることを光栄に思います。グリフィ氏は，ここフォレスト・デザイン・コーポレーションに長らく勤めており，この5年間は地域マネジャーとして会社の発展に貢献してきました。彼から一言いただきます。では，皆さん，ケント・グリフィ氏をお迎えください。

語注▶ longtime 形「長年の」／ district 名「地域」

Let's try!

1. 正解：(D) **解説：** 話し手については，冒頭をしっかり聞けばよい。名前を名乗った後で，I'll be your guide と自己紹介していることから，正解は (D)。話し手が誰かがわかると，その後の内容も聞きやすくなる。

設問訳： 話し手は誰ですか。／(A) ミュージシャン／(B) レストランの従業員／(C) 画家／**(D) ツアーガイド**

2. 正解：(C) **解説：** 昼休みに関する描写は，lunch や lunch time というキーワードを待とう。After you enjoy lunch at our restaurant for an hour とある。an hour「1時間」を，60 minutes「60分」と言い換えている (C) が正解。聞き取りとともに，言い換えをすぐに判断しなくてはならない。

設問訳： 昼食の時間はどれくらいですか。／(A) 40分／(B) 50分／**(C) 60分**／(D) 70分

3. 正解：(B) **解説：** スケジュールを伝えるトークでは，時系列で説明される。at the end of the tour を聞き取れれば，この後にヒントがあることがわかる。you'll join the workshop to create your own artwork. を表している (B) が正解。

設問訳： 聞き手たちは最後に何をしますか。／(A) 夕食会に出席する／**(B) 工芸品を作る**／(C) アンケートに記入する／(D) お土産を買う

Welcome to the National Museum of Art. I'm Brenda Sapp, and I'll be **your guide** today. Before we get started, I'd like to briefly go over today's schedule. First, we'll visit the Eastern Art Gallery where you can see a lot of Oriental paintings. **After you enjoy lunch at our restaurant for an hour**, you'll see a lot of beautiful artifacts in the Egyptian Gallery. **At the end of the tour, you'll join the workshop to create your own artwork**. If you have any questions, please ask me at any time during the tour. Now, let's get started.

国立美術博物館へようこそ。本日ガイドを務めるブレンダ・サップです。開始する前に，本日のスケジュールを簡単にご説明いたします。初めに，東洋美術展示室を見学します。ここでは数多くの東洋絵画をご覧になれます。レストランで1時間昼食をとった後，エジプト美術品展示室で多くの美しい工芸品をご覧になります。ツアーの最後に，工作室で皆さん自身の工芸品づくりを行います。ご質問がございましたら，ツアーの間いつでもお聞きください。それでは始めましょう。

語注 ▶ go over ～「～について説明する」／ gallery 图「美術館，展示室」／ Oriental 形「東洋の」／ artifact 图「工芸品」／ artwork 图「美術品」

Day 20　Day 12 ～ Day 19 の復習

Review 1

❶ 正解：(A)　解説：男性の発言にある dental checkup「歯科検診」がヒントとなり，正解は (A)。
設問訳：この会話はおそらくどこでされていますか。／ (A) 歯科医院／ (B) レストラン／ (C) 映画館

> M: Hi, my name is Mark Galvez, and **I have an appointment at 3:00 for a dental checkup**.
> W: Hello, Mr. Galvez. While you're waiting, could you fill out this form?

M:こんにちは，私の名前はマーク・ガルベスです。3 時に歯科検診の予約をしています。
W:こんにちは，ガルベスさん。お待ちいただいている間に，この用紙にご記入いただけますか。

語注 ▶ checkup 图「健康診断」

❷ 正解：(C)　解説：女性の発言にある The copier is almost out of paper を言い換えている (C) が正解。
設問訳：問題は何ですか。／ (A) 機械の動作が遅い。／ (B) 文書が見つからない。／ **(C) 十分な紙がない。**

> W: Do you know where the copy paper is? **The copier is almost out of paper**, and I need to make copies for the meeting we're having tomorrow.
> M: Why don't you check the supply room?
> W: I already did, but I couldn't find any.

W:コピー用紙がどこにあるか知っていますか。コピー機の用紙がなくなりそうなのですが，明日の会議に備えてコピーする必要があります。
M:備品室を確認してみたらいかがですか。
W:すでに確認したのですが，見つかりませんでした。

❸ 正解：(B)　解説：男性の職業が問われているが，女性の発言にヒントがある。「車の問題」と「持って行ってもいいですか」という内容から，自動車の「修理工」だと判断できる。正解は (B)。
設問訳：男性は誰ですか。／ (A) ホテルの従業員／ **(B) 修理工** ／ (C) 医者

> W: Excuse me, **something is wrong with my car. Can I bring it to you now**?
> M: I'm sorry. We're busy this morning, but we'll have time this afternoon, say, at around 2:00 P.M. Is that all right with you?
> W: That's fine. I'll be there at 2:00 P.M.

W:すみません。車の調子がおかしいのです。今から持って行ってもよろしいですか。
M:すみませんが，今朝は手が空いていません。午後の，たとえば，2 時ごろなら時間があります。それでもよろしいですか。
W:大丈夫です。午後 2 時にそちらにうかがいます。

❹ 正解：(C)　解説：時間が複数出てくるため，しっかりと内容を理解することが大切。2 時はもともと予定されていた時間。「ジャクソンさんが 2 時 30 分まで戻れないため，3 時に延期になった」とある。正解は (C)。
設問訳：次の会議は何時に始まりますか。／ (A) 2 時／ (B) 2 時 30 分／ **(C) 3 時**

> M: Cathy, did you hear the time for the next meeting was changed?
> W: Wasn't it supposed to start at 2:00?
> M: It was, but because Mr. Jackson can't be back until 2:30, **it's been postponed to 3:00.**

M:キャシー，次の会議の時間が変更になったと聞きましたか。
W:2 時に始まる予定ではなかったのですか。
M:そうだったのですが，ジャクソンさんが 2 時 30 分まで戻ってこられないので，3 時に延期になりました。

Let's try! 1

1. 正解：(C)　解説：女性の発言にある「予算の提案書の作業は終わりましたか」から，正解は (C)。
設問訳：話し手たちは何について話し合っていますか。／ (A) 会議の議題／ (B) 求人／ **(C) 予算案** ／ (D) 建物の改装
語注 ▶ agenda 图「議題」／ budget proposal「予算案」

2. 正解：(D)　解説：男性が予算の提案書について「提出前にチェックする必要がある」と述べている。この内容をやや言い換えた (D) が正解。
設問訳：男性は何をする必要がありますか。／ (A) 履歴書を提出する／ (B) 会議の予定を変更する／ (C) マネジャーの手伝いをする／ **(D) 文書を見直す**

3. 正解：(A)　解説：後半に Why don't you …? と提案表現があり，「エミリーに聞く」ことを提案している。「同僚に話す」と言い換えている (A) が正解。
設問訳：女性は男性に何をするよう提案していますか。／ **(A) 同僚に話す** ／ (B) 机の上を片づける／ (C) 計画を提案する／ (D) 契約書にサインする

> W: **Have you finished working on the budget proposal**, Jack?
> M: Yes, but **I need to check it** before submitting it to the manager. Can you help me do that now?
> W: Sorry, but I have a meeting soon. **Why don't you ask Emily?** She's at her desk.
> M: OK, I'll do that.

W:予算案の作業は終わりましたか，ジャック。
M:はい。ただマネジャーに提出する前にチェックしないといけません。手伝ってもらえませんか。
W:ごめんなさい。今から会議があるのです。エミリーに頼むのはいかがですか。彼女は席にいます。
M:では，そうします。

Review 2

❶ 正解：(A)　解説：目的は冒頭を聞き取ろう。I'm calling to let you know … は目的を伝える表現。その後にある「年次医療

会議の場所が決まった」とある。この決定を表している (A) が正解。inform ~ of ...「~に…を知らせる」がキーワード。
設問訳：電話の目的は何ですか。／**(A) 同僚に決定を伝えること**／(B) 会議の予定を変更すること／(C) 情報を要求すること

> Hello, Kelly. It's Greg. **I'm calling to let you know that the location for the Annual Medical Conference has been decided**. Since we are expecting to have more than 300 participants, we have reserved Ball Room A in the Convention Hall. Please include this information in the conference flyer. If you have any questions, please let me know. Thanks.

もしもしケリー，グレッグです。年次医療会議の場所が決まったのでお電話しています。300人以上の参加者を見込んでいるのでコンベンションホールのボールルームAを予約しました。この情報を会議のチラシに含めてください。何か質問があればお知らせください。ありがとうございます。
語注 ▶ include 動「含める」／ flyer 名「チラシ」
❷ **正解**：**(C)** **解説**：タカハシさんのプレゼンテーションの時間をピンポイントで聞き取ろう。11時が予定の時間だが，「タカハシさんが遅れている」とある。そのため，「2時から始まる午後の部に移動となる」とあるため，(C)が正解。話の流れを理解する必要がある。
設問訳：タカハシさんは何時にプレゼンテーションを行いますか。／(A) 午前11時／(B) 午後1時／**(C) 午後2時**

> Ladies and gentlemen, welcome to the Technology Convention. Before we get started, I have an announcement to make. The arrival of the first speaker, Ms. Angela Takahashi, who is scheduled to speak at 11:00 A.M., has been delayed. Therefore, **her speech will be moved to the afternoon session starting at 2:00 P.M.** For any updates, please check the bulletin board in the lobby.

みなさん，ようこそ技術会議へ。開始する前に，お知らせが1つございます。最初の講演者であるアンジェラ・タカハシさんは午前11時から話す予定でしたが，到着が遅れております。そのため，タカハシさんは2時から始まる午後の部に移動となります。最新情報につきましては，ロビーの掲示板をご覧ください。

❸ **正解**：**(B)** **解説**：「通行止めの理由」が問われている。理由を表す due to ~「~のため」以降がヒント。icy conditions「(路面が)凍結している状態」から正解は(B)。
設問訳：コースト橋は，なぜ通行止めになっているのですか。／(A) 修復工事のため／**(B) 悪い道路事情のため**／(C) 事故のため

> Hello, I'm Lisa Simons with the 10:00 A.M. traffic report. **The Coast Bridge has been closed to traffic due to icy conditions caused by the snow storm**. If you are heading toward Springfield, you should take Route 11. Heavy snow is expected to continue over the weekend.

こんにちは，リサ・サイモンズです。午前10時の交通情報をお伝えします。コースト橋は吹雪による路面凍結のため通行止めとなっております。スプリングフィールドへ向かう方は，11

号線をご利用ください。この大雪は週末にわたって続くと見られています。
語注 ▶ icy conditions「(路面が)凍結している状態」／ head 動「向かう」
❹ **正解**：**(C)** **解説**：質問の intended audience とは「対象となる聴衆」つまり，聞き手のこと。orientation や first few weeks on the job から，新入社員向けだと判断できる。正解は(C)。
設問訳：対象となる聞き手は誰ですか？／(A) 会社社長／(B) お客さん／**(C) 新入社員**

> Good morning, everyone. Welcome to Proud Solutions Corporation. **In today's orientation you will learn the basic information you'll need for your first few weeks on the job**. Before we begin, there are some forms for you to complete, so I'll pass them out to you.

みなさん，おはようございます。プラウド・ソリューションズ・コーポレーションへようこそ。本日のオリエンテーションでは，職場において最初の数週間で必要となる基本的な事柄について学びます。始める前に，記入していただきたい用紙がありますのでお配りします。
語注 ▶ pass out「配布する」

Let's try! 2

1. 正解：**(C)** **解説**：I'm calling to ... と目的を伝える表現のあとに，confirm your order とあるため，(C)が正解。
設問訳：電話の目的は何ですか。／(A) スケジュールの変更を思い出させること／(B) 特別な申し出をすること／**(C) 注文を確認すること**／(D) 謝罪すること
語注 ▶ remind 動「思い出させる」
2. 正解：**(B)** **解説**：留守番電話の相手である Ms. Anderson が依頼されている内容を聞き取ろう。後半に please call us back「折り返し電話をください」とあるため，正解は(B)。
設問訳：アンダーソンさんは，何をするように頼まれていますか。／(A) インターネットで注文をする／**(B) 男性に連絡する**／(C) その店を訪れる／(D) 連絡先の情報を伝える
3. 正解：**(A)** **解説**：土曜日の閉店時間をピンポイントで聞き取ろう。最後に，10:00 A.M. to 7:00 P.M. on Saturday and Sunday とあるため，正解は(A)。
設問訳：YBKケータリングは，土曜日は何時に閉店しますか。／**(A) 午後7時**／(B) 午後8時／(C) 午後9時／(D) 午後10時

> Hello, Ms. Anderson. This is Michael Hoffman calling from YBK Catering. **I'm calling to confirm your order** for your company party scheduled to take place on March 15. We have received your order for thirty-two people. If you need to change or cancel your order, please let us know at least two days before the delivery date. **In any case, please call us back** at 555-6612 to confirm your order once you have heard this message. Our business hours are from 8:00 A.M. to 9:00 P.M. Monday through Friday, and **10:00 A.M. to 7:00 P.M. on Saturday and Sunday**. Thank you.

こんにちは，アンダーソンさん。YBKケータリングのマイケル・ホフマンです。3月15日に予定されている御社のパーティーのご注文確認のためにお電話しています。32人分でご注文をいただいています。変更またはキャンセルする必要がありました

ら，遅くとも配達の2日前までにご連絡ください。いずれにせよ，このメッセージを聞かれたら，ご注文の確認のため555-6612に折り返しお電話ください。営業時間は月曜から金曜までが午前8時から午後9時までで，土曜日と日曜日は午前10時から午後7時までです。ありがとうございました。
語注▶ take place「開かれる」／ delivery date「配達日」

Day 21 表・用紙

Brush up
❶ d. ／❷ b. ／❸ c. ／❹ a. ／❺ e.
❻ item ／❼ unit ／❽ status ／❾ price ／❿ delivery ／
⓫ facility ／⓬ meal ／⓭ date ／⓮ details ／⓯ destination

Exercise 1
❶ confirm ❷ survey ❸ choosing ❹ out of stock
❺ voucher ❻ satisfied ❼ complimentary
❽ itinerary
語注▶ voucher 图「割引券，引換券」

Exercise 2
❶ **正解**：furniture store **解説**：商品の種類を確認すると，desk, sofa, carpet とある。これらを扱う店は「家具店」である。店名の Kurtz Furniture「カーツ家具」もヒントとなる。
❷ **正解**：White Sofa **解説**：Status「状況」に Out of Stock「在庫切れ」と書かれているのは，White Sofa である。
❸ **正解**：April 20 **解説**：商品発送については，Delivery Date「配達日」をチェック。
パッセージ訳：注文確認
以下の商品をご注文いただきありがとうございます。

商品	個数	状況
ガラス天板テーブル (#190018)	1	在庫あり
白いソファ (#530091)	1	在庫切れ
オフホワイトカーペット (#711230)	1	在庫あり

注文日：4月3日
支払い：クレジットカード
配達日：4月20日
現在在庫のある商品は，予定どおりに発送いたしますが，在庫切れの商品は別々に配達いたします。
カーツ家具でお買い上げいただきありがとうございます。

---

❹ **正解**：business **解説**：Purpose of your visit「滞在の目的」の business に○がついているため，これが目的となる。
❺ **正解**：Staff Service **解説**：アンケートの satisfied「満足した」の最高点 5 に○がついているのは，Staff Service である。
❻ **正解**：restaurant **解説**：Comments の欄の2行目に，I had dinner ... at the first-floor restaurant「1階のレストランで夕食を取った」とあるため，使用した施設は restaurant。
パッセージ訳：顧客満足度調査
お客様
HKホテルにて快適なご滞在となったことを願っております。お客様によりよいサービスを提供するために，この顧客満足度調査にご記入いただく時間をいただければと存じます。

滞在の目的：ビジネス／休暇／その他

	満足				不満
スタッフのサービス	⑤	4	3	2	1
ルームサービス	5	4	③	2	1
食事	5	4	③	2	1
施設	5	4	3	②	1

コメント：すばらしい滞在でしたが，改善すべきことが2, 3点あります。昨夜同僚と1階のレストランで夕食を取ったのですが，混雑しており，私たちの食事が出てくるまでに約1時間かかりました。また，ジムが混みすぎていたため，まったく使えませんでした。

Let's try!
1. 正解：(C) 解説：旅行の行き先なので，June 20 の項目を見ると，Flight 301 to Chicago とあるため，正解は (C)。
設問訳：ニシカワさんの旅行の目的地は何ですか。／ (A) ニューヨーク／ (B) ロサンゼルス／ (C) シカゴ／ (D) シアトル
語注▶ destination 图「目的地」
2. 正解：(C) 解説：Options の項目を読むと，(A) は Free Pickup Service，(B) は Rental Car，(D) は Complimentary Breakfast のことを指している。よって，(C) が正解。空港ラウンジのことは書かれていない。
設問訳：オプションについて述べられていないことは何ですか。／ (A) 送迎サービスを使うこと／ (B) 車を借りること／ (C) 空港ラウンジを使うこと／ (D) 無料で食事を取ること
3. 正解：(B) 解説：By when「いつまで」と支払いの締め切りが問われている。最後の段落に payment must be made by May 20. とある。
設問訳：ニシカワさんはいつまでに支払をしなくてはなりませんか。／ (A) 5月10日／ (B) 5月20日／ (C) 6月21日／ (D) 6月25日
パッセージ訳：旅程表
5月10日
ニシカワ様
サンライズ・トラベルをお選びいただきありがとうございます。以下は，6月20日から6月25日の家族旅行の旅程表です。

日程	詳細
6月20日	シカゴ行き 301 便　午前 10:00 − 午後 1:00（現地時間）
6月21日−24日	マーキュリーホテル
オプション	無料送迎サービス／無料の朝食／レンタカー
6月25日	ニューヨーク行き 550 便　午後 2:30 − 午後 6:00（現地時間）
価格	750 ドル

大人：2／子ども：1
レンタカーは滞在期間中ご利用いただけます。到着時に，マーキュリーホテルのフロントスタッフに引換券をお渡しください。お支払は5月20日までにお願いいたします。旅程表についてご質問がある場合は，555-2330 または info@sunrisetravel.com までご連絡ください。
語注▶ itinerary 图「旅程表」／ pickup service「送迎サービス」／ complimentary 形「無料の」

Day 22 手紙・Eメール

Exercise 1

❶ 正解： [2] → [1] → [3]

I am writing to confirm your order. ／ The item you have ordered is in stock, and will be shipped within three days. ／ If you have any questions, please contact us at 555-0012.

訳：ご注文を確認するために書いています。ご注文いただいた商品は在庫がありますので，3日以内に発送されます。ご質問がある場合は，弊社 555-0012 にご連絡ください。

正解： in stock 在庫がある／ ship 発送する／ confirm 確認する／ contact 連絡する

❷ 正解： [2] → [3] → [1]

We are pleased to confirm your reservation with Mirabelle Maxima Resort. ／ Enclosed is a travel itinerary. ／ If you need to change or cancel this reservation, call us at 1-800-555-9999.

訳：ミラベル・マキシマ・リゾートのご予約を確認できることをうれしく思います。同封されているものは，旅程表です。予約を変更またはキャンセルする必要がある場合は，1-800-555-9999 までお電話ください。

正解： enclose 同封する／ itinerary 旅程表／ reservation 予約

❸ 正解： [1] → [3] → [2]

I bought a vase from your online store last week. ／ It arrived this morning, but it is broken. ／ Therefore, I would like to get a full refund.

訳：先週，オンラインストアで花瓶を買いました。今朝届きましたが，壊れていました。そのため，全額返金をお願いします。

正解： vase 花瓶／ therefore だから／ get a full refund 全額返金してもらう／ arrive 到着する／ be broken 壊れている

Exercise 2

❶ 正解：(B)　解説： This e-mail is to confirm your order「このEメールは，ご注文を確認するためのものです」とある。

設問訳：情報の目的は何ですか。／ (A) 注文すること／ **(B) 注文を確認すること**

パッセージ訳：このEメールは，10月10日のご注文（注文番号 991201）を確認するためのものです。DB 一体型プリンターは，現在在庫切れとなっておりますが，2週間後に発送の準備ができます。ご質問がある場合は，遠慮なくご連絡ください。

❷ 正解：(A)　解説： 後半に Please fill out the enclosed form, and return it「同封の用紙に記入して返送する」とあるので，(A)「用紙を返送する」が正解。

設問訳：アンダーソンさんは何をすることを依頼されていますか。／ **(A) 用紙を返送する**／ (B) 同僚を招待する

パッセージ訳：アンダーソン様

JC インスティテュートの 40 年間の発展と成功のお祝いをするために，ご招待させていただきます。レセプション・パーティーは，ニューヨークのフェアバンクスホテルにて，8月10日（月）の午後2時に始まります。正装が必須です。同封の用紙にご記入いただき，人事部に6月1日（木）までにご返送ください。

❸ 正解：(B)　解説： このEメールは，スーツケースを買ったという説明から始まり，「傷がついていた」や「失望した」という内容が続いている。これらは苦情であると言えるため，正解は (B)。

設問訳：なぜサンダースさんはEメールを書いているのですか。／ (A) スーツケースを注文するため／ **(B) 商品について苦情を言うため**

パッセージ訳：顧客サービス係御中

本日，ウェブサイトから注文したスーツケースを受け取りました。しかし，至る所にひっかき傷があり，カギがひどく損傷していました。2日後に旅行をするため，とても失望し，いらだちました。近所の店に行き，別のものを買いました。そのため，不良品の返送にかかる送料を含めた全額返金をお願いします。

敬具

ポール・サンダース

Let's try!

1. 正解：(C)　解説： Eメールの目的は冒頭にある。I would like to apply for this position.「この職に応募したい」とあるため，正解は (C)「仕事に応募すること」。

設問訳：Eメールの目的は何ですか。／ (A) 職を与えること／ (B) 応募用紙を提出すること／ **(C) 仕事に応募すること**／ (D) 販売結果を報告すること

2. 正解：(D)　解説：「ヒースさんが現在の職についている期間」をピンポイントで読み取ることが求められる。I have been a sales manager ... for the last six years.「過去6年間にわたって販売部長をしています」とあるため，(D) が正解。

設問訳：ヒースさんは，どのくらいの期間にわたって現在の職についていますか。／ (A) 3年間／ (B) 4年間／ (C) 5年間／ **(D) 6年間**

3. 正解：(D)　解説：「ヒースさんがEメールと一緒に送っているもの」が問われている。後半に Please take a look at the attached résumé.「添付の履歴書をご覧ください」とある。履歴書を言い換えている (D)「職歴情報」が正解。

設問訳：ヒースさんは，Eメールと一緒に何を送っていますか。／ (A) 空いている職のリスト／ (B) 彼女のビジネスプラン／ (C) 日本語の証明書／ **(D) 彼女の経歴情報**

語注▶ certificate 名「証明書」

パッセージ訳：

宛先：lheath@jetin.com
送信者：mrose@enfact.com
件名：応募

ローズ様

デイリーニュース紙で販売部長募集の広告を拝見し，その職に応募したいと思います。

私は，過去6年間，国際的な食品流通会社で販売部長を務めてきました。また5年間日本で働いたので，私の日本での経歴が，御社が業務を拡大するためのお役に立てると思います。添付の履歴書をご覧ください。早い段階でお返事いただけることを楽しみにしています。

敬具

リサ・ヒース

語注▶ distribution 名「流通」／ background 名「経歴」／ expand 動「拡大する」／ take a look at 〜「〜を見る」／ look forward to 〜「〜を楽しみにして待つ」

Day 23 広告

Exercise 1

❶ **正解：senior manager**　**解説**：冒頭に seeking someone to serve as a senior manager「シニアマネジャーとして勤務する方を募集している」とある。

❷ **正解：frequent visits to other branches in the region**　**解説**：This position requires ...「この職は〜が要求されます」と仕事内容を伝えている。

❸ **正解：(have) a minimum of five years of managerial experience**　**解説**：応募資格は，Qualified applicants must have ...「資格のある応募者は〜がなくてはならない」に続く内容がヒント。

❹ **正解：the personnel office**　**解説**：send your résumé to the personnel office「人事部に履歴書を送ってください」とある。

パッセージ訳：求人
オリエンタル・コンサルティングは，現在シニアマネジャーとして勤務する方を求めています。この職は，地域にある他の支店への頻繁な訪問を必要とします。
資格のある応募者は，最低5年間の管理職の経験がなくてはなりません。この職に興味のある方は，人事部に履歴書をお送りください。

❺ **正解：November 18**　**解説**：いつ始まるという書き方はされていないが，本文の3行目に The grand opening sale will be held on the opening day「グランドオープニングセールがオープン初日に開催される」とある。1行目に scheduled to open on November 18「11月18日にオープンする予定」とあり，この日を指している。

❻ **正解：50%**　**解説**：5行目に，You can buy brand-new items up to half off the regular prices.「新品を最大定価の半額でお買い求めいただける」とある。定価の半額とはつまり，50%である。

❼ **正解：10:00 P.M.**　**解説**：後半に営業時間があり，月曜から金曜と，土曜・日曜に分かれている。土曜・日曜の閉店は午後10時である。

パッセージ訳：新しいショッピングモールがオープン
スプリングフィールドのグランド・プリンストン・モールが，11月18日にオープンする予定です。20のレストランや最新のプリンストン映画館を含め，150以上の店があります。グランドオープニングセールが開店初日から行われ，年末の12月31日まで続きます。新品を最大定価の半額でお買い求めいただけます。
営業時間は，月曜日から金曜日が午前10時から午後8時まで，土曜日と日曜日が午前9時から午後10時までです。
より詳しい情報は，ウェブサイト www.grandprincetonmall.com をご覧ください。

Exercise 2

❶ **正解：(B)**　**解説**：冒頭の you can reserve tickets for great performances「すばらしい公演のチケットを予約できる」とあることから，正解は (B)「チケット販売業者」。
設問訳：カールソン・オンラインは，どんな種類の会社ですか。／(A) オンライン音楽店／**(B) チケット販売業者**
パッセージ訳：すばらしい公演をお探しですか？カールソン・オンラインでは，小規模のオーケストラから世界的に有名なロックグループまで，すばらしい公演のチケットを予約することができます。様々な検索オプションがあるため，お探しものを確実に見つけることができます。チケットは，お支払いの日から3日以内に郵送されます。

❷ **正解：(C)**　**解説**：(A) は Catering「ケータリング（仕出し）サービス」のこと，(B) は Hours を指している。価格は書かれていないため，(C) が正解。
設問訳：広告で示されていないものはどれですか。／(A) 配達サービス／(B) 営業時間／**(C) 料理の価格**
パッセージ訳：和風レストラン『ゼン』で楽しいひとときを！
・伝統的な日本食　　・仕出し（出前）可能
・経験豊富なスタッフ　・クレアモント駅のそば
子ども用&ベジタリアン用メニューもあります。
営業時間：午前10:00 − 午後8:00　月曜日−金曜日
　　　　　午前11:00 − 午後9:00　土曜日と日曜日
ご予約は，お電話555-8990，またはオンラインで www.zenjapanese.com から承ります。

❸ **正解：(A)**　**解説**：後半に This offer is valid during the month of October.「このオファーは10月の間中有効です」とある。このオファーとは，その前に書かれた offered at a lower price「より安い価格で提供される」のこと。よって，正解は (A)「商品が割引価格で提供される」。
設問訳：10月中は何が起こりますか。／**(A) 商品が割引価格で提供される。**／(B) 無料のバッグが提供される。
パッセージ訳：ジャスターのビジネスバッグ発売！
あなたのバッグは，十分に多機能的ですか。ジャスターが提供するのは，今までで最も機能的なバッグで，あなたの地域の主要な店で手に入ります。バッグは2色—黒と茶色で，期間限定で割引価格で提供されます。この割引は10月のみ有効です。今すぐお近くのお店へお越しください！

Let's try!

1. 正解：(D)　**解説**：冒頭に one of Canada's leading software developers「カナダの大手ソフトウェア開発会社の1つ」とあるため，正解は (D)「ソフトウェア会社」。
設問訳：カーベル・コーポレーションはどんな種類の会社ですか。／(A) 旅行代理店／(B) リサーチ研究所／(C) コンサルティング会社／**(D) ソフトウェア会社**

2. 正解：(A)　**解説**：「採用者が勤務する場所」については，2文目の後半に，you will be based in Ontario, Canada「職場はカナダのオンタリオ」とあるため，正解は (A)。Italy, Australia, Japan は，出張先。
設問訳：採用者のオフィスはどこにありますか。／**(A) カナダ**／(B) イタリア／(C) オーストラリア／(D) 日本

3. 正解：(B)　**解説**：職に要求されていることについては，Applicants must have ... 以降の「資格・条件」に関するところを読もう。(A) は a university degree とそのまま書かれている。(C) は experience as a manager とある。(D) は excellent communication skills のこと。よって，(B)「日本語の会話力」が正解。日本語の能力は望ましいが必須とは書かれていない。
設問訳：職に要求されていないものは何ですか。／(A) 大学学位／**(B) 日本語の会話力**／(C) 管理職の経験／(D) コミュニケーション能力
パッセージ訳：一流ソフトウェア開発メーカーのカーベル・コーポレーションは，日本に商品を展開するために，現在経験豊富なマーケティングのスペシャリストを募集しています。仕事内容には，カナダのオンタリオに勤務する一方で，たまにですがイタリア，オーストラリア，日本への出張が含まれます。

応募者は，経営学または関連分野の学士号，最低3年の管理職の経験，さらにすばらしいコミュニケーション能力がなくてはなりません。日本語の能力があることが望ましいですが，必須ではありません。

応募するためには，12月21日までに，履歴書を人事部長のケン・チバ kchiba@curbelcorp.ca へお送りください。

語注▶ developer 图「開発メーカー」／ experienced 形「経験豊富な」／ occasional 形「たまの」／ business administration「経営学」／ preferred 形「好ましい」

Day 24　ダブルパッセージ（2つの文書）

Exercise 1

❶ **正解：Sales Manager**　**解説：** Richard Beckの名前の横にSales Managerとある。

❷ **正解：November 17**　**解説：** Nancy Leeは「2日目の研修に出席したい」とある。1つ目の文書を読むと，The workshop will be offered on two days, on November 10 and 17 とあり，2日目とは November 17 を指す。

パッセージ訳：回覧
宛先：社員
差出人：リチャード・ベック，販売部長
件名：販売トレーニング研修
日付：10月10日

来月，販売トレーニング研修を行います。研修は11月10日と17日の2日間行われます。全社員がどちらかに出席することを推奨します。

2日目の研修に参加したいと思います。
ナンシー・リー

❸ **正解：Arm Chair と Lounge Sofa**　**解説：** 本文に「Wは在庫がある (in stock)」ことを意味するとあるため，リストのStatus「状況」にWがついている Arm Chair と Lounge Sofa。

❹ **正解：Side Table**　**解説：** 本文にDは「在庫切れ」とあるため，Side Table のみ。

❺ **正解：Entrance Carpet**　**解説：** 本文にOは「オーダーメイド (made to order)」とあるため，Entrance Carpet。

パッセージ訳：
私たちの製品に関するお問い合わせをありがとうございます。同封のリストは，在庫の状況を示しています。
Wという文字は，商品の在庫があることを示し，Dは在庫切れ，Oはオーダーメードであることを示しています。
商品リスト

商品	状況
アームチェアー	W
ラウンジ用ソファ	W
サイドテーブル	D
エントランス用カーペット	O

Exercise 2

❶ **正解：(B)**　**解説：** Annual TSE Conference の内容を確認すると，New Technology Trends「新しい技術の傾向」や Effective Computer Systems「効果的なコンピューターシステム」とあるため，(B)「技術」が正解。
設問訳： 年次 TSE 会議は何に関するものですか。／(A) ホテル経営／ **(B) 技術**

❷ **正解：(A)**　**解説：**「一番大きな部屋」については，スケジュールには書かれていない。ハンターさん宛てのEメールの本文を読むと，最後に「最大の出席者が予想されるため，最も大きい部屋を手配しました」とある。ハンターさんの講演をスケジュールで確認すると，Conference Room 1 で開催されることがわかる。
設問訳： 最も大きい部屋はどれですか。／ **(A) 会議室1**／(B) 会議室3

パッセージ訳：年次 TSE 会議

午前8:30 ─ 午前9:00	登録	1階ロビー
午前9:00 ─ 午前10:00	基調講演 （アンソニー・ヤマザキ）	会議室2
午前10:30 ─ 正午	新技術の傾向 （ウィリアム・バンティング）	会議室3
正午 ─ 午後1:00	昼食	食堂
午後1:00 ─ 午後3:00	効果的なコンピューターシステム （パトリシア・ハンター）	会議室1

ハンター様
来る2月3日の年次 TSE 会議の講演者のおひとりとしてお迎えできることをうれしく思います。プログラムの概要に書かれているように，ハンター様は最後のスピーチをする予定となっています。ハンター様のセッションは，最大の出席者が予想されるため，最も大きい部屋を手配しました。
アン・キャリー

Let's try!

1. 正解：(B)　**解説：** 求人広告の冒頭に seeking a sales manager「販売部長を募集しています」とあるため，正解は(B)。
設問訳： どの職が広告に出されていますか。／(A) 人事部長／ **(B) 販売部長**／(C) 主任デザイナー／(D) マーケティング・コンサルタント

2. 正解：(D)　**解説：** 求人広告から仕事内容に書かれているものを消去しながら解答しよう。The responsibilities include ...「仕事内容には〜が含まれます」以降を読むと，(A) は attending regional management meetings，(B) は planning promotional campaigns，(C) は supervising sales representatives の言い換え。よって，書かれていない (D)「海外出張をする」が正解。
設問訳： 広告の職の仕事内容でないものはどれですか。／(A) 会議に出席すること／(B) 計画を立てること／(C) スタッフを監督すること／ **(D) 海外出張すること**

3. 正解：(C)　**解説：** オマリーさんに関する情報はEメールを確認する。しかし，Eメールからは答えを特定することができない。このように，1つの文書だけで答えがでないものは，もう1つの文書の内容と関連させて解答するダブルパッセージ特有の問題。Eメールの後半に，My knowledge about your product とあり，これは求人広告にある Telecom Design Software を指している。よって，よく知っているものは(C)。
設問訳： オマリーさんは何をよく知っていますか。／(A) 電気通信技術／(B) マーケティング・リサーチ／ **(C) テレコム・デザイン・ソフトウェア**／(D) 採用のためのプロセス

パッセージ訳： 電気通信会社のスターズテレコムは，現在，シアトルの本社に勤務する販売部長を募集しています。仕事内容には，販売担当者を監督すること，販売促進キャンペーンを計

画すること，そして地域マネジメント会議に参加することが含まれます。資格のある応募者は，販売またはマーケティングの経験とともに，最低 3 年間の管理職の経験が必要です。私たちの製品であるテレコム・デザイン・ソフトウェアの知識があることが望ましいです。職に興味のある方は，3 月 7 日までに履歴書と推薦状 2 通を人事部長のロナルド・ベック ronbeck@starstel.com へお送りください。

ベック様
2 月 27 日のマネジメントマガジンに掲載されていた求人広告に関して書いています。職にとても興味があります。私はシカゴの中小企業で販売担当としてキャリアを始め，過去 6 年間はカナダのバンクーバーで管理職についています。御社製品に関する私の知識は，御社に貢献できると思います。
お返事お待ちいたしております。
トーマス・オマリー

語注 ▶ telecommunication 图「電気通信」／ headquarters 图「本社」／ in regard to 「〜に関して」／ managerial 形「管理の」

Day 25　Day 21 〜 Day 24 の復習

Review 1

❶ **正解：** writing in response to　　**解説：** in response to は「〜に対して」という意味。

❷ **正解：** inquiry regarding our products　　**解説：** inquiry regarding 〜 で「〜に関する問い合わせ」。

❸ **正解：** currently seeking sales representatives　　**解説：** is currently seeking で「現在募集しています」という意味。

❹ **正解：** complete the customer satisfaction survey
解説： the customer satisfaction survey は「顧客満足度調査用紙」。

❺ **正解：** offers complimentary breakfast
解説： complimentary breakfast で「無料の朝食」となる。

❻ **正解：** a limited period of　　**解説：** for a limited period of time は「限定された期間」。

❼ **正解：** to get a full refund　　**解説：** get a full refund は「全額返金を受ける」。

❽ **正解：** place your order by the end of the week　　**解説：**「注文する」を place an order と言うことも覚えておこう。

Let's try! 1

1. 正解：(A)　解説： 宣伝されている内容は，冒頭でわかる。14th Annual Friendship Festival とあり，その内容が続いている。正解は，これを言い換えている (A)。
設問訳： 何が宣伝されていますか。／ **(A) 今度のフェスティバル**／ (B) 予定されているスポーツイベント／ (C) 新しくオープンしたコミュニティセンター／ (D) 受賞者

2. 正解：(C)　解説： NOT 問題は，消去しながら解答しよう。提供されるものは第 2 段落に書かれている。1 文目の international food は (B)，2 文目の lottery が (D)。さらに，3 文目の band「バンド」と perform「演奏する」から，(A) も含まれている。よって，提供されないものは (C)。
設問訳： イベントで提供されないものは何ですか。／ (A) コンサート／ (B) 国際的な料理／ **(C) 手工芸品**／ (D) 抽選

3. 正解：(B)　解説： ボランティアに関する記述は，第 3 段落にある。If you are interested「興味がある方は」の後に，contact Sarah Thompson, the community affairs manager, at ... とある。E メールアドレスがあることから，正解は (B)。
設問訳： ボランティアになることに興味がある人は何をすべきですか。／ (A) 申込用紙に記入する／ **(B) スタッフに E メールを送る**／ (C) 会議に出席する／ (D) 電話をかける
パッセージ訳： 地域住民の皆さま
スプリングフィールドでは，6 月 1 日（土）と 2 日（日）の午前 10 時から午後 5 時まで，第 14 回年次友好フェスティバルをコミュニティセンターで開催します。
住民の方が作る世界各国の国際的な料理，子ども向けの様々なゲームなど，盛りだくさんです！いつものように抽選を行い，当選者には，1 等のホノルル旅行を含む様々な景品が贈られます。今年はフェスティバルの 2 日目に，有名バンドのブースターズがついに地元に戻り，演奏を行います。
私たちは今，このイベントのためのボランティアを募集しています。1 日だけの参加でも歓迎します。一緒にこのイベントをより楽しいものにしませんか？興味がある方は，コミュニティ事務長のサラ・トンプソン sthompson@springfieldcom.net までご連絡ください。

語注 ▶ feature 動「〜を特徴として備える」／ resident 图「住民」／ lottery 图「くじ，くじ引き」／ perform 動「演奏する」／ volunteer 图「ボランティア」／ participation 图「参加」

Let's try! 2

1. 正解：(B)　解説： 広告を見ると，プランの下に，Personal training programs are available とあるため，正解は (B)。
設問訳： 広告によると，何が利用できますか。／ (A) オンライン登録／ **(B) パーソナルトレーニングプログラム**／ (C) 早朝割引／ (D) 1 日利用券

2. 正解：(B)　解説： 箇条書きを読むと，Easy access は (D) のこと。Reasonable prices は (A) のこと。State-of-the-art equipment「最新の器具」とは，(C) のこと。よって，正解は (B)。
設問訳： フィットネスセンターの利点でないものは何ですか。／ (A) 低価格／ **(B) 少人数制のクラス**／ (C) 新しい器具／ (D) 便利な場所
語注 ▶ benefits 图「利点」

3. 正解：(C)　解説： ウェブサイトについては「施設とスタッフの写真」とあるため，正解は「スタッフ情報」と言い換えている (C)。
設問訳： サイモンズ・フィットネスセンターのウェブサイトでは何が見つかりますか。／ (A) 利用者のコメント／ (B) 運動のヒント／ **(C) スタッフ情報**／ (D) ビデオメッセージ
語注 ▶ tip 图「ヒント」

4. 正解：(A)　解説： 冒頭で，「待ち時間が長い」や「エアロビクスのクラスに参加することが難しい」など，状況の説明が行われており，最後に要望が伝えられている。これを一言で表している (A) が正解。
設問訳： E メールの目的は何ですか。／ **(A) 状況について苦情を伝えること**／ (B) 予約を取ること／ (C) 会員資格を更新すること／ (D) フィットネスセンターに友人を紹介すること

5. 正解：(D)　解説： パークさんの手紙の 2 文目に，「私のプランでは，週末しかトレーニングできない」とある。広告を見ると，週末だけ使えるプランは (D) Plan D。
設問訳： パークさんはどの会員プランに申し込みましたか。／ (A) プラン A ／ (B) プラン B ／ (C) プラン C ／ **(D) プラン D**
語注 ▶ sign up for 〜「〜に申し込む」
パッセージ訳： サイモンズ・フィットネスセンター

体を鍛えるためにトレーニングする必要がありますか？今，参加しませんか！
以下のメンバーズプランからあなたに最適なものをお選びください。
プランA：営業時間中いつでも利用可能（100ドル／月）
プランB：平日午前6時から午後10時まで利用可能（70ドル／月）
プランC：平日午後5時から午後10時まで利用可能（50ドル／月）
プランD：週末のみ午前6時から午後10時まで利用可能（30ドル／月）
＊公認のパーソナルトレーナーによるパーソナルトレーニングプログラムも利用できます。
• アクセスのよさ
• リーズナブルな価格
• 最新の器具
• 種類の豊富なエクササイズクラス
ウェブサイト www.simonsfitness.com で，施設やスタッフの写真をご覧ください。

宛先：customer@simonsfitness.com
送信者：apark@odas.net
件名：フィットネスセンター

最近，フィットネスセンターがとても混んでおり，器具を使うためにかなり長く待たないといけなくなっています。私のプランでは，週末しかトレーニングできないので，この問題について対応していただければと思います。また，定員いっぱいのため，エアロビクスクラスに参加することも難しくなっています。そのため，クラス数を増やしていただきたいと思います。
アン・パーク

語注▶ get in shape「体を鍛える」／ certified 形「公認の」／ check out「チェックする」／ work out「トレーニングする」／ capacity 名「収容能力」

Day 26　時制・代名詞・語い問題

Exercise 1
❶ **正解**：will be held　**解説**：upcoming「今度の」とあるため，研修があるのは未来。よって，will be held が適切。
❷ **正解**：has been repaired　**解説**：back to normal「通常に戻っている」とあるため，すでに修理されたことがわかる。has been repaired が適切。
❸ **正解**：They　**解説**：用意するのは passport と boarding pass の2つ。したがって They が適切。
❹ **正解**：it　**解説**：one of the ～「～のうちの1つ」なので，it が適切。
❺ **正解**：disappointing　**解説**：「販売を伸ばすために」とあるため，結果がよくなかったことがわかる。よって，disappointing「失望させる，残念な」が適切。
語注▶ outstanding 形「際立った」
❻ **正解**：postpone　**解説**：「新たな日程」が発表されるということは，延期になったと判断できる。よって postpone が正解。

Exercise 2
❶ **正解**：them → her　**解説**：連絡の相手となる them「彼ら」が誰なのか不明。主語である Lisa Wilson に連絡を取ることが自然なため，contact her「彼女に連絡する」が適切。
訳：リサ・ウィルソンは旅行の手配を担当しています。もし質問があれば，彼女に連絡してください。
❷ **正解**：will order → ordered　**解説**：2文目に Three days have passed already「すでに3日が経過した」とあるため，すでに注文をしたことがわかる。よって，ordered「注文した」と過去形が適切。
訳：7月20日にコピー用紙を3箱注文しました。すでに3日が経過しましたが，まだ受け取っていません。
❸ **正解**：them → him　**解説**：質問をする相手を them にすると，new employees を指してしまい不適切。新入社員は，Mr. Jackson の元でトレーニングを受けるため，質問をする相手は Mr. Jackson を指す him が適切。
訳：すべての新入社員は，研修期間中はジャクソンさんの指導を受けます。そのため，質問があれば彼に聞いてください。
❹ **正解**：was → will be　**解説**：冒頭で We plan to ...「計画している」とあるため，まだ検査は実施されていない。よって，閉鎖されるのは未来のこととなり，it will be が適切。
訳：金曜日に工場の検査を行います。その日の数時間は，工場は一時的に閉鎖されます。

Let's try!
1. 正解：(C)　解説：空欄直前に as soon as we have received「～を受け取ったらすぐに」とある。空欄に入るのは，その前に書かれた「窓側の席を予約したい場合は，添付の用紙に記入して送り返してください」という1文の理解が必要。「the attached application form を受け取ったら」とつながるため，代名詞は it。
2. 正解：(A)　解説：冒頭から，まだ予約していないことがわかるため，支払いも済んでいない。よって，未来のことを伝える内容となる。will send が正解。
3. 正解：(B)　解説：語い問題。ここまで「予約」の話であることを理解していれば，reservation「予約」が入ると判断できる。(A) 訪問，(C) 場所，(D) 調査。
パッセージ訳：
宛先：enorton@ttsi.com
送信者：customer@khrtravels.com
日付：1月10日
件名：お問い合わせ
エミリー・ノートン様
1月30日の午前中の便に関するお問い合わせに対して書いています。
いくつかの窓側の席が空いております。窓側の席の予約をご希望の場合，添付の申用紙にご記入後にご返送ください。それを受け取りしだい，予約いたします。
チケットは，支払い確認から3日以内にお送りいたしますのでご留意ください。
予約についてご質問がある場合は，Eメールかお電話でご連絡ください。
サービスをご提供するのを楽しみにしております。
ジョン・マニング
カスタマーセンター
語注▶ inquiry 名「問い合わせ」／ in response to ～「～にこたえて」

Day 27 つなぎ言葉

Exercise 1

❶ 正解：However　解説：「発送の準備ができている」の後に，「支払いを受け取っていない」とある。この２つの流れをつなげるのは，However「しかし」。

❷ 正解：As a result　解説：「準備時間がなかった」と「内容がよくなかった」は，原因と結果の関係。よって，As a result「結果として」が適切。

❸ 正解：Additionally　解説：「編集者の仕事内容」が空欄をはさんで２つ続いている。よって，追加であると判断できるため，Additionally「さらに」が適切。

❹ 正解：For example　解説：「インストラクターが様々な経歴を持っている」と「1人はかつて高校で教えた経験があり，もう1人はかつて販売員だった」とある。２つ目の文が具体例になっているため，For example「例えば」が適切。

❺ 正解：Alternatively　解説：最初の文は，「評価用紙を提出してください」という依頼。続いて，「後で郵送することもできる」という内容が続いている。これは代案であることが推測されるため，正解は Alternatively「代わりに」。

❻ 正解：Consequently　解説：「幅広い販売促進キャンペーンを行った」と「販売が大幅に伸びた」は，原因と結果の関係なので，Consequently「その結果」が適切。

Exercise 2

❶ 正解：(b) However, there are a few errors in the past sales figures.　解説：「提案がよく書けている」に適切につながるのは，「しかし，間違いがある」という (b)。
訳：あなたの提案書はよく書けています。しかし，過去の売上高に少し間違いがあります。
(a) さらに，来年の予算について話し合いました。
(c) そのため，あなたに提案書を提出します。

❷ 正解：(a) As a result, theaters have been packed for the past three weeks.　解説：「映画が好評」に続くのは，「その結果，映画館が超満員となっている」ことを伝えている (a)。
訳：新しい映画の「ゲットアウェイ」がいくつかの雑誌で好評です。その結果，映画館はここ３週間超満員です。
(b) 結果として，２週間後に一般公開されます。
(c) 一方で，最もよい評判があります。

❸ 正解：(c) For example, sales of the Z800 printer have dropped 20 percent from the last quarter.　解説：「売上が予想ほどよくない」と適切につながるのは，「どの程度よくなかったか」の具体例を出している (c)。
訳：今四半期の販売結果は，予想したほどよくありませんでした。例えば，プリンターの Z800 の売上は，前四半期より 20% 落ちました。
(a) 代案として，新製品を開発する予定です。
(b) さらに，売上は次の四半期で増加するでしょう。

❹ 正解：(a) Otherwise, you cannot get a certificate.　解説：「テストに合格しなくてはならない」に続くのは，「合格しないとどうなるか」という条件を伝えている (a)。
訳：11 月４日の筆記試験には合格しなくてはなりません。そうしないと，修了証をもらえません。
(b) さらに，筆記試験を受けてください。
(c) そうは言っても，結果はその後で送られます。

Let's try!

1. 正解：(B)　解説：「多くの情報を理解しにくい」という原因（理由）に対して，「主となるいくつかのポイントに焦点を絞る」というアドバイスが伝えられている。原因と結果の関係を表す (B) Therefore「そのため」が正解。(A)「そうは言っても」，(C)「さらに」，(D)「どちらも〜ない」

2. 正解：(D)　解説：「プレゼンテーションが少し長すぎる」という指摘について，「説明はわかりやすい」と「注意を引きつけておくことが難しい」ということと伝えている。「わかりやすい」と「難しい」という逆の内容となっているため，(D) However「しかし」でつなぐことが適切。(A)「さらに」，(B)「結果として」，(C)「代わりに」

3. 正解：(A)　解説：冒頭の「３つのことを指摘したい」とあり，続く段落から First，Second とアドバイスが続いている。最後の段落では，３つ目のアドバイスがあるため，(A) Finally「最後に」が適切。(B)「さもなければ」，(C)「その結果」，(D)「例えば」

パッセージ訳：
こんにちはジャック，
あなたのプレゼンテーションをチェックし，３つのことを指摘したいと思います。
第１に，１つのスライドに情報を詰め込みすぎです。お客さんが多くの情報を理解するのは難しいです。そのため，２，３の主なポイントのみを強調すべきです。
第２に，プレゼンテーションが少し長すぎるように思います。説明がわかりやすいのはわかります。しかし，プレゼンテーションを通してお客さんの注意を引きつけておくのは難しいです。結果として，退屈に感じ始めるかもしれません。
最後に，ポイントをシンプルかつ明確に保つ一方で，もっと多くのデータを盛り込んではいかがでしょうか。例えば，より多くの顧客満足度のグラフを入れることで製品の信頼性を示すことができます。
ジェシカ

語注▶ review 動「見直す，確認する」／ take in「理解する」／ focus on 〜「〜に焦点を当てる」／ follow 動「理解する」／ get bored「退屈する」

Day 28　Day 26 〜 Day 27 の復習

Review 1

❶ 逆接（しかし，ところが）：[on the other hand] [however] [nevertheless] ／結果（そのため，結果として）：[therefore] [as a result] [consequently] ／情報追加（追加として，さらに）：[in addition] [moreover] [additionally]

❷ a. the bulletin board
　b. a letter of complaint
　c. a contract and an employee identification form

訳：
a. プログラムの変更は，ロビーの掲示板に貼ってあります。本日のスケジュールを確認する必要がある場合は，そこ（＝掲示板）で更新情報をご確認ください。
b. 私たちは，サービスに関する苦情の手紙を受け取りました。それ（＝苦情の手紙）には，ウェイターが給仕するまでお客様が長時間待ったと書かれています。
c. 契約書と社員身分証明用紙を同封しました。記入して，２月

22日のオリエンテーションに必ずそれら（＝契約書と社員身分証明用紙）をお持ちください。

Review 2

❶ **正解**：stayed → will stay / will be staying　**解説**：2文目を読むと，「緊急の要件が出てきたら電話をください」と言っているため，ホテルに滞在するのはこれから。よって，stayed → will stay / will be staying が適切。

❷ **正解**：them → it　**解説**：1文目で「社員バッジが渡される」とあり，2文目で「シャツのポケットに着ける」と指示がある。着けるのは the employee badge「社員バッジ」なので，代名詞は them → it が適切。

❸ **正解**：However → As a result / Consequently など
解説：1文目で「内容の質について苦情が出ている」とあり，2文目で「購読率が著しく落ちた」とある。これをつなぐのは，「理由」であるため，However → As a result / Consequently などが適切。

❹ **正解**：will be conducted → was conducted　**解説**：顧客満足度調査について，2文目に「結果は〜を示している」と，すでに調査が行われたことがわかる。よって，1文目の動詞を will be conducted → was conducted とするのが適切。

Let's try! 1

1. 正解：(C)　**解説**：時制問題。1文目ではわからないので，2文目を読むと We plan to ...「私たちは〜することを予定している」とある。よって，まだ行われていないことがわかるため正解は未来表現の (C)。

2. 正解：(A)　**解説**：代名詞問題。look at の後に空欄があるため，「何を見るか」を特定しよう。前の文に，「詳細は掲示板に貼り出されている」と書かれているため，見るものは「掲示板」。bulletin board を指す代名詞 it が正解。

3. 正解：(C)　**解説**：話の転換を示す語句問題。前後の文の関連を把握する。前の文には「設置は3日かかる」，後ろの文には「3，4，5日は閉館」とある。これをつなぐのは，結果を示す (C)。

パッセージ訳：お知らせ
図書館利用者の皆さまへ
3月4日に新しいコンピューターシステムが設置されることをお知らせします。
待ち時間を減らすために，検索用コンピューターの台数を増やす予定です。また，より図書館を快適にするために，システムの設置とともにソファーの数を増やします。計画の詳細は，カウンターの近くの掲示板に貼られています。さらなる情報はそちらをご覧ください。設置には3日間かかる見込みです。
そのため，図書館は3月3日，4日，5日は閉館となります。ご迷惑をおかけして申し訳ありません。ご協力をお願いいたします。

語注▶ reference 图「検索，照会」／ along with 〜「〜と一緒に，〜と同時に」／ installation 图「設置」／ bring in「入れる」／ comfortable 形「快適に」／ cooperation 图「協力」

Let's try! 2

1. 正解：(B)　**解説**：品詞問題。空欄前が your，後ろが前置詞 in。意味的には前置詞前で区切ることができる。your の後ろに入るのは名詞の (B) interest。

2. 正解：(B)　**解説**：代名詞問題。主語が問われているため，誰がその後の動作を行うかを特定しよう。前の文 Your Web site is ... では，「ウェブサイトがどのような役割を持っているのか」が書かれている。続いて，「効果的な方法」であることにも触れている。also「また」という語から，こちらも Web site の話が続いていると判断できるため，正解は It（＝ Web site）。

3. 正解：(C)　**解説**：接続詞問題。この問題は1文だけで解答可能。前後の関係を見ると，前に「コメント」，後ろに「サンプルデザイン」とあり，この2つがウェブサイトで見られると読み取ることができる。よって，「コメント and デザイン」となる (C) が正解。

パッセージ訳：
フィリップ・ブラッグズ様
マジックウェブデザインにご興味をお持ちいただきありがとうございます。私たちの会社パンフレットを同封しました。
あなたのウェブサイトは，潜在的顧客をあなたのお店に呼び込む重要な玄関口です。また，それは既存客と連絡を保つ効果的な方法となります。
以前のお客様のコメントやサンプルデザインは，ウェブサイト www.magicwd.net でご覧いただけます。デザインのニーズに合わせて，無料でお見積もりいたします。ウェブサイト作成を私たちにご依頼いただくことにご興味があれば，estimate@magicwd.net までご連絡ください。

語注▶ enclosed 動「同封された」／ gateway 图「玄関口」／ potential 形「潜在的な」／ stay in contact with 〜「〜と連絡を取り合っている」／ existing 形「既存の」／ estimate 图「見積もり」

早川幸治（はやかわ　こうじ）
ニックネームは Jay。IT 企業（SE）から英会話講師に転身し，現在は TOEIC 対策専門講師として明海大学ホスピタリティ・ツーリズム学部や代ゼミライセンススクールなどで教える。TOEIC®テスト 990 点（満点）取得。TOEIC®テストを毎回受験し，傾向をおさえた効率的な対策法が好評。大幅なスコアアップ達成者を多く輩出している。また，「高校 2 年生で英検 4 級不合格」という英語嫌いを克服した自らの経験から，学習者サポートにも力を入れている。TOEIC®テスト教材執筆にも携わり，著書に『新 TOEIC®テスト 書き込みドリル【リスニング編】』，『新 TOEIC®テスト 書き込みドリル【文法編】』『新 TOEIC®テスト 書き込みドリル【フレーズ言いまわし編】』（共に桐原書店），『TOEIC®テスト 出まくりキーフレーズ』（コスモピア），『2 カ月で攻略 新 TOEIC®テスト 730 点！』（アルク）などがある。Nintendo DS 学習ソフト『TOEIC®TEST スーパーコーチ@ DS』（桐原書店）の中で，ユーザーのパーソナルトレーナーとして登場している。

ブログ：「今日から始める英語トレーニング」(http://blog.alc.co.jp/d/2000066)
メルマガ：「本気で TOEIC 対策」(http://www.mag2.com/m/0000261754.html)

教材のご感想をお聞かせください。
jay@jay-toeic.com

▶執筆協力：中野　淳平，武藤　克彦
▶英文校閲：Karl Matsumoto, Jonathan Nacht
▶編集協力：㈱交学社

新 TOEIC® テスト　書き込みドリル
【全パート入門編】

| 2010 年 4 月 1 日 | 初版第 1 刷発行 |
| 2014 年 5 月 30 日 | 初版第12刷発行 |

著　者　　早川　幸治
発行者　　斉藤　智

発行所　　株式会社 桐原書店
〒 160-0023 東京都新宿区西新宿4-15-3 住友不動産西新宿ビル3号館
TEL　03-5302-7010（販売）
http://www.kirihara.co.jp

▶装丁／ムーブ（新田由起子）　▶DTP／ムーブ（武藤孝子）　▶イラスト／杉山一成
▶本書の内容を無断で複写・複製することを禁じます。
▶乱丁・落丁本はお取り替えいたします。
Printed in China (SWTC/12)
ISBN978-4-342-00004-1

©Koji Hayakawa 2010